# Wenn es zu Ende geht
## Hilfe beim Sterben

Lothar Frenz

# Wenn es zu Ende geht
# Hilfe beim Sterben

Umweltfreundliches Papier,
hergestellt aus chlorfrei gebleichtem Zellstoff.

Die Deutsche Bibliothek - CIP-Einheitsaufnahme

**Frenz, Lothar:**
Wenn es zu Ende geht : Hilfe beim Sterben / Lothar Frenz. -
Orig.-Ausg. - Niedernhausen/Ts. : FALKEN TaschenBuch Verl., 1996
(FALKEN TaschenBuch)
ISBN 3-635-60102-0

Originalausgabe
ISBN 3 635 60102 0

**Umschlaggestaltung:** Zembsch' Werkstatt, München
**Gestaltung:** Horst Bachmann
**Redaktion:** Sabine Weeke
**Herstellung:** Michael Greiss
**Titelbild:** Tony Stone, München/Nick Vedros
**Druck:** Paderborner Druck Centrum

817 2635 4453 6271

# Inhalt

# Vorbemerkung

„Ja, ich bin für Sterbehilfe. Es ist doch menschenunwürdig, auf Intensivstationen an Schläuche angehängt über Monate hinweg zu krepieren und nicht sterben zu dürfen. Warum gibt es hier nicht solche Regelungen wie in Holland, wo man Maschinen abstellen darf?" Ich habe nicht gezählt, wie oft ich diese Sätze während der Vorbereitungen zu diesem Buch gehört habe – es war sehr oft. Und immer in dieser Reihenfolge. Nicht von Menschen, die sich schon aus beruflichen Gründen oder persönlicher Betroffenheit mit dem schwierigen Thema „Sterbehilfe" auseinandergesetzt haben, sondern von „ganz normalen Leuten", die ihre Meinung im Lauf der Diskussion, die in den vergangenen Jahren in den Medien geführt wurde, gebildet haben und sie vehement vertreten. Zweierlei machten mir diese häufig geäußerten Sätze deutlich: Zum einen die Angst, in die Mühlen der technisierten Hochleistungsmedizin zu kommen und sich nicht dagegen wehren zu können, die Angst vor einem langen, qualvollen Sterben. Zum anderen aber auch, daß trotz der jahrelangen Diskussion (oder vielleicht gerade wegen ihr?) viele gar nicht wissen, welche Regelungen zur „Sterbehilfe" es überhaupt in Deutschland gibt.

Denn die Aussage, daß in Deutschland „keine Maschinen abgestellt werden dürfen", ist schlichtweg falsch. Maschinen dürfen abgeschaltet, Behandlungen abgebrochen werden, wenn der Patient dies wünscht. Ein Arzt, der sich nicht an den ausdrücklichen Wunsch eines Patienten hält, kann sich sogar strafbar machen, wenn er ihn gegen dessen Willen weiterbehandelt. Selbst wenn der Patient bewußtlos im Koma liegt, zählt letztlich sein Wille, den er zuvor etwa in einer Patientenverfügung zum Ausdruck gebracht haben kann. Die deutsche Rechtsprechung hat gerade in den vergangenen Jahren den Willen des Patienten ausdrücklich gestärkt.

Doch sind diese Rechte meiner Erfahrung nach vielen gar nicht bewußt. Kein Wunder also, daß je nach Umfrage bis zu 80 Prozent der Bevölkerung neue Regelungen zur „Sterbehilfe" fordern. Zu lange war in Deutschland die Debatte über das Sterben von schlimmen Einzelschicksalen und der plakativen und so einfach klingenden Forderung nach aktiver Sterbehilfe, wie sie in den Niederlanden praktiziert wird, bestimmt. Zu wenig wurde versucht, das alltägliche Sterben in Krankenhäusern und Altenheimen menschenwürdiger zu gestalten. Gilt es daher nicht zunächst mal, die vorhandenen rechtlichen Möglichkeiten auszuschöpfen, bevor man neue einführt? Und läßt sich ein anderer Umgang mit dem Sterben wirklich nur dadurch erreichen, daß Gesetze geändert werden?

Dieses Buch soll darüber informieren, was „Sterbehilfe" eigentlich bedeutet. Wie sind die rechtlichen Grundlagen hierzulande, welche Möglichkeiten gibt es für „selbstbestimmtes Sterben"? Was geschieht in den Niederlanden, von denen so oft die Rede ist? Und was ist aus der *Deutschen Gesellschaft für Humanes Sterben* geworden, die den Verlauf der Diskussion in den achtziger Jahren maßgeblich bestimmte und durch die Machenschaften ihres früheren Vorsitzenden Atrott in Mißkredit kam? Auf welche Weise versucht die Hospiz-Bewegung, die langsam auch in Deutschland Fuß faßt, menschenwürdiges Sterben zu ermöglichen und den lange verdrängten und abgeschobenen Tod wieder in unsere Gesellschaft zurückzuholen?

Sterben ist kein eindeutiger, sondern ein widersprüchlicher Prozeß, der viele Gefühle, Ängste und Zweifel hervorruft. Das habe ich vor allem in einer Reihe von Gesprächen mit Menschen erfahren, die ich zum Teil von einer Sendung der ZDF-Sendereihe *Doppelpunkt* her kannte. Sie alle mußten sich mit dem Sterben auseinandersetzen: als Betroffene mit schweren Krankheiten, als Angehörige oder als Sterbebegleiter. Ihre Portraits sollen zeigen, daß mit der Bitte „Hilf mir beim Sterben" keineswegs der Ruf nach einer Giftkapsel oder einer tödlich wirkenden Spritze gemeint sein muß, sondern in erster Linie der Wunsch nach mitmenschlicher Begleitung. Gerade diese persönlichen und oft intimen Gespräche haben mich sehr berührt und mir gezeigt, wie lebendig auch das Sterben noch sein kann, wenn man es akzeptiert.

Allen, die mir bei den Vorbereitungen zu diesem Buch geholfen haben, danke ich ganz herzlich – vor allem denen, die mir so Persönliches anvertrauten.

Mainz, im Oktober 1995                    Lothar Frenz

# Wenn es zu Ende geht

## Ängste vor dem Sterben

Die meisten Menschen haben Angst vor dem Sterben, gleich in welchem Alter sie sterben müssen. Dabei macht es natürlich einen Unterschied, ob jemand in jungen Jahren erfährt, daß er unheilbar krank ist und nur noch eine geringe Lebenserwartung hat, oder ob ein alter Mensch dem Tod nach einem langen Leben ins Auge blicken muß. Dennoch gleichen sich die Ängste der Menschen vor dem Sterben, denn keiner kann das Unbekannte, das danach kommt, einschätzen.

Der Göttinger Psychiater B. Bron hat die Ängste unheilbar Krebskranker untersucht. Im Prinzip sind es ähnliche Ängste, die einen Menschen, der mit seinem absehbaren Tod rechnen muß, bedrücken und quälen. Vor allem natürlich die Angst vor dem Sterbenmüssen und dem Tod an sich, die Angst vor dem Unbekannten und der Hilflosigkeit, mit der man dieser Tatsache gegenübersteht. Oft stellt sich die Frage, ob das eigene Leben „sinnvoll" gewesen ist. Weil heutzutage meist nicht viel über das Sterben und den Tod geredet wird, haben viele Sterbende Angst, von den Menschen in ihrer Umgebung nicht verstanden zu werden. Oft fehlt das Vertrauen, offen miteinander zu reden. Dazu kommt die Angst vor Einsamkeit, Verlassenwerden und dem Verlust wichtiger Bezugspersonen. Manche erleben schon lange, bevor sie sterben, einen „sozialen Tod" und werden nicht mehr am täglichen Leben beteiligt. Wer immer schwächer wird, hat oft Angst, abhängig zu werden, auf fremde Hilfe angewiesen zu sein und anderen zur Last zu fallen.

Schwierig kann es für Kranke sein zu bemerken, wie sich der Körper bei bestimmten Krankheiten immer mehr verändert. Das Gefühl dafür, mit sich selbst übereinzustimmen und sich auf Funktionen des eigenen Körpers verlassen zu können, geht verloren. Man fühlt sich nicht mehr mit sich selbst identisch, der Körper gehorcht nicht mehr wie früher. Dazu kommt die Angst, sich selbst nicht mehr kontrollieren zu können, desorientiert und vielleicht geistig abwesend zu werden. Außerdem haben

viele heutzutage Angst davor, „an Schläuchen hängend auf der Intensivstation" zu sterben, vielleicht sogar mit großen Schmerzen.

## „Man stirbt schon vorher viele kleine Tode"

Cori T., 27 Jahre alt, ist an AIDS erkrankt. Sie arbeitet als Frauenreferen-
tin in der AIDS-Hilfe.

Vor vier Jahren habe ich erfahren, daß ich positiv bin. Damals war ich
nur wenig informiert und dachte, daß ich übermorgen sterben muß,
denn AIDS ist gleich Tod. Seither hat sich aber vieles verändert. Mein
Umgang mit dem Thema Sterben war am Anfang anders als heute.
Der Tod ist mir zwar näher gerückt – aber auch weiter weg, weil ich
anders mit dem Leben umgehe.
Dennoch habe ich viele Ängste. Jemandem, der behauptet, er habe
keine Angst vorm Sterben, dem glaube ich das nicht. Sterben ist ein
Lebensprozeß, hin zu dem, worüber wir nichts wissen. Diese Angst
existiert auch bei mir. Ich habe Angst vor dem Sterben – bzw. dem
Leben damit. Nach dem Testergebnis hatte ich zunächst Angst, mein
Leben nicht mehr so gestalten zu können, wie es mir wichtig war.
Etwa mit vielfältigen Beziehungen und Freundschaften. Ich hatte
ganz starke Angst vor Ablehnung. Dann hätte ich nicht mehr leben
wollen. So einen sozialen Tod zu sterben finde ich viel schlimmer als
den, der durch die Krankheit begründet ist.
Außerdem hatte ich große Angst vor AIDS, denn man kennt ja die Bilder: So sieht das Leiden aus, das wird aus dir. Ich hatte Angst davor,
Sachen zu bekommen, die mich total abhängig machen. Leben ist mir
sehr wichtig, ich war immer sehr agil, mit viel Power. Und ich merke
schon, daß das mit der Zeit weniger wird.
Diese Ängste haben sich im Prinzip in den vier Jahren bestätigt. Aber
es ist eine Frage, wie man mit ihnen umgeht. Meine Energien sind
sehr viel weniger geworden. Ich habe früher viel getanzt – Hochlei-
stungssport. Doch das kann ich nicht mehr. Irgendwann mußte die
Einsicht erfolgen, daß ich das körperlich nicht mehr schaffe. Für mich
war Tanzen aber mehr als ein Hobby – das war alles. Das einzusehen,
hat mich sehr in den Keller gebracht. Da hab' ich zum ersten Mal
diese Grenzen, die AIDS und dieser permanente Tod im Leben setzen,

gespürt. Denn man stirbt vorher schon viele kleine Tode. Das war sehr schwierig. Aber nicht aufzugeben ist vielleicht auch eine Devise – und diese Energie in anderes umzuwandeln. Ich hab' dann damit angefangen, anderen zum Tanzen die Musik aufzulegen, die mir wichtig war. Oder ich habe wieder Klavier gespielt. Die Musik bleibt, das Tanzen geht weg, aber dafür wird etwas anderes wichtig in meinem Leben. Solange ich das noch hinkriege, ist das auch noch Leben. Aber die Angst vor dem völligen Verlust habe ich natürlich auch.

Mit ganz viel Kämpfen, Heulen, Schreien, In-sich-gehen, Ruhig-sein, mit der ganzen Bandbreite dessen, was Menschen als Ausdruck möglich ist, kann man das irgendwie akzeptieren. Aber das geht nicht von heute auf morgen. Manchmal will man sich nicht damit auseinandersetzen, manchmal will man es nicht wahrhaben. Aber dann kommen die Grenzen doch näher. Ich habe mich immer so erlebt, daß ich fast hysterisch darauf reagiere, daß ich total abhängig werde.

Zum Glück habe ich ein gutes soziales Netz. Freunde, denen ich mich zumuten kann. Und ich mute ihnen einiges zu. Ich habe mich von Anfang an schnell offen gemacht. Es ist auch viel authentischer, seine Krankheit offen zu machen und die anderen mit einzubeziehen. Man geht zusammen einen Weg. Ein Stück weit soll das meinen Freunden auch den Abschied von mir erleichtern, der jetzt schon begonnen hat.

Dabei haben wir auch Absprachen getroffen. Ich hoffe, daß mein Wunsch zählt, nicht im Krankenhaus zu verrecken. Ich möchte nicht gerne an Schläuchen sterben. Lieber drei Monate oder ein halbes Jahr früher sterben – und dafür die Lebensqualität haben, die zu mir paßt. Für mich heißt das auch, zu Hause sterben, umringt von meinem Freundeskreis, von meiner Familie. Ich weiß, daß ich ihnen damit viel abverlange, weil es auch für sie eine besondere, schwierige Situation ist. Aber ich glaube, das kann auch sehr schön sein. Das gibt einem viel. Und ich möchte gerne authentisch gehen. Ich habe die Hoffnung, einfach umzufallen. Power, Power, Power – und das war's.

Das ist der Abgang, den ich mir wünsche. Ich will keine triefende Beerdigung in Schwarz, mit bewegenden Reden. Ich will die Party. Mein Leben war immer die Party – und auch zu meiner Beerdigung will ich eine Party geben. Dafür habe ich schon Musik aufgenommen, einzelne Titel habe ich bestimmten Leuten gewidmet. Außerdem möchte ich gerne, daß möglichst viele Freunde in die Vorbereitung der Beerdigung involviert sind. Ein Freund, der Schreiner ist, soll mir einen blauen Sarg zimmern, weil blau meine Lieblingsfarbe ist. Aber ich will nicht im Krankenhaus sterben. Ich möchte in der Lage sein, den Punkt selbst zu setzen, an dem mir mein Leben nicht mehr lebenswert erscheint. Wenn ich immer abhängiger werde, wenn alles, was mich mal ausgemacht hat, nicht mehr da ist, wenn ich nicht mehr ich bin. Da würde ich mich mit Freunden auch noch mal darüber unterhalten, ob es nicht noch andere Wege gibt. Denn was heißt es schon, noch drei Monate zu überleben? Was heißt Leben dann? Daß ich noch atme? Daß mein Herz noch schlägt? Das ist nicht das, was für mich Leben bedeutet. Aber ich weiß auch – man arrangiert sich mit vielem. Wo ist der Punkt, der nicht mehr erträglich ist? Wo ist meine Grenze? Jetzt kann ich locker hier sitzen und sagen: Ich geh nicht ins Krankenhaus. Aber als ich mich einmal vor Schmerzen gekrümmt habe, da bin ich sehr wohl ins Krankenhaus gefahren. Heute kann ich Himmel weiß was erzählen. Und morgen komme ich in eine Situation, in der ich alles anders sehe.

## Sterben als Prozeß

Wann beginnt das Sterben? Ab welchem Zeitpunkt ist ein Mensch ein sterbender Mensch? Sterben ist auch eine Sache der Definition. Denn auch ein unheilbar Kranker ist nicht gleich ein Todkranker. Oft kann er noch Jahre mit unveränderter Lebensqualität leben. Für den Mediziner J.-C. Student, der in Hannover die Arbeitsgruppe *Zuhause sterben* leitet, ist ein Sterbender ein Mensch, „dessen Tod in unmittelbare Nähe gerückt ist, der also nach ärztlicher Einschätzung innerhalb weniger Wochen oder Monate sterben wird." Ein Sterbender kann also nicht mehr durch ärztliche Kunst geheilt werden, seine unmittelbare Todesursache ist absehbar geworden. Vorhersagen über die noch zu erwartende Lebensdauer sind dennoch schwierig zu treffen. Sterben ist also ein längerer Prozeß, kein Zeitpunkt.
Die amerikanische Ärztin Elisabeth Kübler-Ross war eine der ersten, die in den sechziger Jahren diesen Prozeß untersuchte. Ihre Erfahrungen

und Gespräche mit Sterbenden schilderte sie in einem weit beachteten Buch. Sie unterschied fünf Phasen, die ein Sterbender durchläuft, sofern ihm Zeit dazu bleibt.

Die erste Phase der Verleugnung und Ungläubigkeit ist geprägt vom Schock über die Nachricht, bald sterben zu müssen. Der Sterbende wehrt sich dagegen und will diese Gewißheit nicht wahrhaben. In der zweiten Phase des Zorns und der Wut stellt er sich die Frage: Warum gerade ich? Er hadert mit der Ungerechtigkeit des Schicksals und ist neidisch darauf, daß andere weiterleben dürfen. In diesem Stadium ist er oft besonders verzweifelt und hilflos.

Danach beginnt die Phase des Verhandelns über eine Verlängerung des Lebens. Der Kranke betet, besucht Gottesdienste oder hält sich besonders streng an Behandlungsvorschriften; er setzt sich Ziele – will etwa ein bestimmtes Fest noch erleben. Auf diese Weise versucht er, einen Aufschub zu erreichen. Im vierten Stadium folgt die Depression über die Ausweglosigkeit. Der Sterbende erkennt, daß kein weiterer Aufschub möglich ist, daß die Trennung vom Leben bevorsteht. Diese Phase ist die Vorbereitung darauf, das Schicksal zu akzeptieren – eine Trauer über den eigenen Tod. Im fünften Stadium akzeptiert der Sterbende seinen Tod. Er hat gelernt, dieses unausweichliche Ereignis hinzunehmen und ihm zuzustimmen. Kübler-Ross grenzt diese Phase deutlich von einem resignierten, hoffnungslosen Aufgeben ab. Der Sterbende ist schließlich bereit, sich aus seinen Bindungen zu lösen. Jeder könne in einer so bewußten, friedlichen Atmosphäre sterben, wenn ihm nur die Gelegenheit dazu gegeben werde, so Elisabeth Kübler-Ross.

Doch so schematisch verläuft das Sterben nicht. Dieses Phasenmodell wird daher heute von anderen Forschern nicht mehr akzeptiert. Die Stadien müssen nicht in dieser strengen Reihenfolge ablaufen. Doch kommt Elisabeth Kübler-Ross der Verdienst zu, erstmals die Gefühlszustände beschrieben zu haben, in denen sich ein Sterbender befinden kann. Damit hat sie ein Tabu gebrochen und weltweit eine wissenschaftliche Beschäftigung mit dem Phänomen des Sterbens ausgelöst. Gleichzeitig hat sie mit ihren Veröffentlichungen erreicht, daß sich ein großes Publikum mit dem Tod auseinandersetzt. Ihr wird allerdings häufig vorgeworfen, das Sterben zu idealisieren. Denn Tod und Sterben könnten auch ganz anders, viel schrecklicher sein, als sie es beschreibt.

Auf welche unterschiedlichen Weisen Menschen über 58 Jahre mit ihrem Leben umgehen, wenn sie wissen, daß es zu Ende geht, hat der Heidelberger Altersforscher Andreas Kruse beschrieben. Er untersuchte, wie Patienten Sterben und Tod wahrnehmen, und ob sich ihre Einstellung hierzu im Laufe der Zeit ändert. Dabei war für ihn auch wichtig, welche Bedeutung das soziale Umfeld für die Sterbenden hat. Anders als Kübler-Ross unterscheidet Kruse fünf verschiedene Formen, wie die Auseinandersetzung mit dem eigenen Sterben und Tod bei unterschiedlichen Patienten verlaufen kann.

**1. Der bewußte Patient:**
Er akzeptiert sein Sterben und seinen Tod. Gleichzeitig sucht er nach jenen Möglichkeiten, die ihm das Leben noch bietet. Er hat sich bewußt mit seiner Krankheit, Sterben und Tod auseinandergesetzt. In seiner Umgebung fühlt er sich geborgen und angenommen. Mit Angehörigen und Freunden kann er offen über seine Situation, über seine Ängste sprechen.

**2. Der resignierte Patient:**
Im Laufe der Zeit wird er zunehmend verbittert. Das Leben wird nur noch als Last empfunden. Der Patient fühlt sich von anderen Menschen abgelehnt und abgeschoben. Oft ist der Arzt die einzige Vertrauensperson. Körperliche Schmerzen nehmen eine große Rolle in seinem Erleben ein. Einerseits fürchtet er sich vor dem Tod, weil dann alles endgültig vorbei ist, andererseits wünscht er ihn aufgrund seiner Qualen herbei.

**3. Der sich wandelnde Patient:**
Zunächst ist er ganz von seinen Ängsten und Schmerzen bestimmt. Doch allmählich gelingt es ihm, sich wieder zu öffnen und das Leben wieder als Aufgabe wahrzunehmen. Oft fühlt sich dieser Patient dann verantwortlich für den weiteren Lebensweg von Angehörigen. Durch den Kontakt mit den Menschen in seiner Umgebung wird ihm eine Auseinandersetzung mit dem Tod möglich. Dadurch und durch die Gewißheit, nicht alleine sterben zu müssen, blickt er schließlich gefaßt auf sein Lebensende.

**4. Der verdrängende Patient:**
Er scheut eine bewußte Auseinandersetzung mit dem Sterben. Oft klammert er sich an die Hoffnung, wieder zu gesunden. Daher versucht er auch, alles möglichst wie bisher weiterlaufen zu lassen. Der Kontakt mit Personen, die mit ihm über seine Krankheit reden wollen, wird deshalb auch gemieden.

**5. Der depressiv-hinnehmende Patient:**
Er ist lange niedergeschlagen und resigniert. Er zieht sich immer mehr zurück, ist für andere schwer erreichbar und gibt seine früheren Tätigkeiten und Interessen auf. Nur für kurze Zeit faßt er immer mal wieder Mut, doch prinzipiell erlebt er seine Situation als unveränderbar. Doch kurz vorm Tod ist er weniger depressiv, vor allem, wenn er seine Angehörigen als Stütze erfährt. Dann akzeptiert der Patient den bevorstehenden Tod.

Sterben ist ein höchst individueller Prozeß. Die Art und Weise, wie sich ein Sterbender mit seinem bevorstehenden Tod auseinandersetzt, hängt nach Kruses Untersuchungen auch stark vom früheren Lebensstil des Patienten ab und ist beeinflußt davon, wie er sich schon zuvor mit dem Sterben beschäftigt hat. Auch die Gewißheit, „sein Leben gelebt zu haben" und in der momentanen Situation einen Sinn, eine Aufgabe oder eine Herausforderung zu sehen, erleichtert ihm den Umgang mit der Tatsache des eigenen Sterbens. Dabei hilft es dem Patienten sehr, in seinen Bedürfnissen, Anliegen und Ängsten ernst genommen zu werden und Ansprechpartner zu haben, die bereit sind, mit ihm über seine Situation zu reden, wenn er dies wünscht.

## Sterben in Deutschland

Das Sterben hat sich verändert. Noch im vergangenen Jahrhundert wurden die Menschen in Deutschland im Durchschnitt gerade 35 Jahre alt. Bis heute hat sich die Lebenserwartung hier mehr als verdoppelt: Männer werden in der Bundesrepublik im Mittel 72 Jahre, Frauen sogar 79 Jahre alt. Durch hygienische Verbesserungen und die rasanten Fortschritte der Medizin sind hierzulande Krankheiten wie Tuberkulose und Lungenentzündung schon lange kein Todesurteil mehr. Doch damals – vor der medizinischen Revolution – starben viele Menschen einen schnellen Tod innerhalb von Tagen. Lange Altersjahre erlebten die meisten nicht.

Heute dauert das Sterben länger. Etwa die Hälfte aller Menschen in Deutschland sterben an Krankheiten des Kreislaufsystems (etwa chronische Herzerkrankungen und Herzinfarkt), etwa ein Viertel an Krebs. Zwischen Beginn und Ende einer tödlich verlaufenden Krankheit können Jahre liegen. Das Sterben läßt sich immer wieder hinauszögern. Das Leben kann zwar durch medizinische Maßnahmen verlängert werden – doch damit oft auch das Leiden der Patienten. Auch der Ort des Todes ist ein anderer geworden. Noch zu Beginn dieses Jahrhunderts starben etwa 80 Prozent der Menschen in Deutschland daheim. Heute verbringen in Großstädten gerade noch 20 Prozent ihre letzten Stunden zu Hause, obwohl sich die meisten dieses wünschen. Etwa die Hälfte stirbt in Krankenhäusern, die meisten anderen in Pflege- und Altersheimen oder ähnlichen Einrichtungen. Das mag daran liegen, daß die Angehörigen den Sterbenden dorthin abschieben, weil sie dem Tod ängstlich und hilflos gegenüberstehen. Aber auch das perfekt organisierte medizinische System verführt dazu, jemanden noch am Ende seines Lebens ins Krankenhaus einzuweisen, sobald sich sein Zustand verschlechtert.

Das Sterben im Krankenhaus provoziert viele Bilder: Todkranke werden in Intensivstationen an Maschinen und Schläuche angeschlossen oder in spezielle Sterbezimmer abgeschoben. Immer wieder kommt es vor, daß Sterbende im Bett angeschnallt werden, weil sie zu unruhig sind. Oder sie müssen ihre letzten Stunden alleine verbringen, weil ihre Angehörigen nicht zu ihnen gelassen werden. Und häufig läßt man Menschen bis zum Schluß mit unsinnigen Behandlungen nicht zur Ruhe kommen und verweigert ihnen eine angemessene Schmerztherapie – etwa so wie beim Vater einer Ärztin, die sein quälendes Sterben im *Deutschen Ärzteblatt* vom 10. Dezember 1987 schilderte:

Wegen eines Schlaganfalls wurde der 88jährige ins Krankenhaus eingeliefert und dort später aufgrund eines Verdachts auf Herzinfarkt mit Kammerflimmern auf die Intensivstation verlegt. Die Tochter bat, alle Maschinen abzustellen – vergebens. Ihr Vater, der selbst Arzt war, litt

**17**

unter starken Schmerzen und Atemnot. Er erkannte ebenfalls, daß eine weitere Behandlung sinnlos war und bat um ein humanes Sterben. Nachts schrie er wegen seiner Schmerzen um Hilfe, doch hielt man es für unnötig, den diensthabenden Arzt zu rufen, damit er schmerzstillende Mittel geben konnte. Statt dessen verabreichte die Nachtschwester gewissenhaft per Magensonde die verordneten Arzneien und spritzte Antibiotika. Noch zwanzig Minuten vor seinem Tod wurde in Gegenwart der Angehörigen die angeordnete Krankengymnastik durchgeführt. Die letzten Worte des alten Mannes waren: Nein, nein, nein! Solche erschütternden Fälle prägen das Bild vom „unwürdigen" Sterben im Krankenhaus. Eine Untersuchung Gießener Wissenschaftler aus dem Jahr 1988 bestätigt dieses Bild. Die Forscher haben die Sterbebedingungen in 70 Krankenhäusern aus vier Bundesländern untersucht, indem sie repräsentativ ausgewählte Ärzte und Krankenpfleger befragten.

72 Prozent der Mitarbeiter hielten an ihrem Arbeitsplatz die Bedingungen beim Sterben in zentralen Punkten für menschenunwürdig. Die überwiegende Mehrheit arbeitet in dem Bewußtsein, daß ein würdevolles Sterben im Krankenhaus nicht möglich ist. 57 Prozent meinten, daß die bestehenden räumlichen Voraussetzungen in den Krankenhäusern völlig ungeeignet sind, um Schwerstkranke richtig zu betreuen. Nur 25 Prozent hielten sie für gut. Gerade 28 Prozent der Klinikmitarbeiter können sich ausreichend Zeit nehmen, um sich der Betreuung Sterbender zu widmen. Ebenfalls 28 Prozent sahen sich mangelnder Anerkennung von Kollegen ausgesetzt, wenn sie sich verstärkt um Sterbende kümmerten. 92 Prozent würden sich wünschen, daß die Angehörigen stärker aktiv einbezogen würden. 53 Prozent waren der Meinung, daß die Art, wie die moderne Medizintechnik eingesetzt wird, Sterbenden keinerlei Erleichterung verschaffe. Und 62 Prozent waren der Überzeugung, daß grundsätzlich bei hoffnungslosen Fällen zu häufig lebensverlängernde Maßnahmen ergriffen werden. 35 Prozent der Mitarbeiter sind der Meinung, daß bei Sterbenden zu wenig schmerzlindernde Mittel verabreicht werden, so daß sie unnötig leiden müssen. Kein Wunder, daß immerhin 30 Prozent der Klinikmitarbeiter angaben, mehr Angst vor dem Sterben zu haben als andere Menschen. Die moderne Medizin hat dem Menschen zwar ein neues Lebensalter geschenkt, aber noch keinen menschenwürdigen Umgang mit dem Sterben gefunden.

# Euthanasiegesellschaften

## Für das Recht, human zu sterben?

„Nicht länger dürfen in den Krankenhäusern (Intensivstation!) die auf den Tod erkrankten Menschen ohne ihre Einwilligung zu einem ‚Sterben auf Raten' verurteilt werden. Die gnadenlose Apparatur der rein technischen Lebensverlängerung ist auf Wunsch jedes Betroffenen auszuschalten. Nicht länger darf durch sie der erlösende Tod nur noch hinausgezögert und somit das Menschenrecht auf einen schmerzlosen (!) und menschenwürdigen Tod verletzt werden."

Mit dieser Anzeige, die am 1. Dezember 1976 in Nürnberger Zeitungen erschien, machte eine *Initiativgruppe für humanes Sterben nach Wunsch der Sterbenden* auf die Mißstände beim Sterben aufmerksam. Dieser Appell mit der Überschrift „Für das Recht, human zu sterben?" war von ortsansässigen Nürnberger Gruppen unterzeichnet – darunter Bund für Geistesfreiheit, Deutsche Friedensgesellschaft/Vereinigte Kriegsdienstgegner, Humanistische Union, Jungdemokraten, Jungsozialisten und einige Gewerkschaftsfunktionäre. Der Aufruf hatte zunächst nur begrenzte Wirkung. Doch führte er schließlich zur Gründung der heute recht umstrittenen *Gesellschaft für humanes Sterben (DGHS)*, die die Diskussion um Sterbehilfe in Deutschland lange Zeit maßgeblich bestimmte.

Auch in anderen Ländern sind als Reaktion auf das von vielen als menschenunwürdig eingeschätzte „moderne" Sterben in Krankenhäusern in den vergangenen Jahrzehnten Organisationen entstanden, die sich für „humanes" Sterben einsetzen. Sie prangern die Mißstände und Versäumnisse an, die beim Sterben durch die technisierte Medizin entstanden sind, und kämpfen gegen eine Lebensverlängerung um jeden Preis. Viele dieser Organisationen verlangen gesetzliche Regelungen für das „Recht zu Sterben". Als mögliche Lösungen für selbstbestimmtes Sterben fordern sie:

- Aktive Sterbehilfe oder Tötung auf Verlangen, wie sie etwa heute schon in Holland möglich ist. Der todkranke Patient bittet einen Arzt, sein Leiden und sein Leben zu beenden und ihn zu „erlösen". Der Arzt darf ihm tödlich wirkende Medikamente verabreichen, ohne selbst eine Strafe befürchten zu müssen.

- Selbsttötung und Beihilfe zur Selbsttötung. In Ländern, in denen die Beihilfe zum Suizid verboten ist, fordern diese Organisationen die Aufhebung dieses Verbots. Prinzipiell sollen Suizide erleichtert werden. Hierzu vertreiben viele dieser Gesellschaften Broschüren mit Selbstmordanleitungen. Die Schweizer Sterbehilfeorganisation *EXIT* bietet sogar professionelle und institutionalisierte Beihilfe zur Selbsttötung an.

- Außerdem kämpfen sie für das Recht von Patienten, lebensrettende oder lebensverlängernde Maßnahmen zu verweigern, indem sie auf Behandlungen verzichten. Vor allem Patienten, die nicht mehr entscheidungsfähig sind, weil sie im Koma liegen und daher ihre Wünsche nicht mehr selbst ausdrücken können, sollen in speziellen Erklärungen, den sogenannten Patientenverfügungen, im voraus bindend festlegen können, was mit ihnen in einem solchen Fall zu geschehen hat.

Anders als in Deutschland mit seiner nationalsozialistischen Vergangenheit benutzen viele dieser Organisationen im Zusammenhang mit Sterbehilfe völlig unbefangen das Wort Euthanasie (aus dem Griechischen - „sanfter, guter Tod") und führen es sogar in ihrem Namen – so die holländische *Nederlandse Vereniging voor Vrijwillige Euthanasie* oder die englische *Voluntary Euthanasia Society*. In Deutschland dagegen hat dieses Wort durch die von Hitler verordneten staatlichen Tötungsprogramme eine andere Bedeutung erhalten. Die Nazis vernichteten bei ihren Euthanasie-Maßnahmen „unwertes Leben" – Hunderttausende von Alten und Behinderten, die „zu nichts mehr nütze" waren, wurden umgebracht. Mit einem selbstbestimmten Tod, wie ihn die Sterbehilfe-Gesellschaften befürworten, hatte dieser Massenmord nichts gemein. Viele dieser nationalen Gesellschaften haben sich in einem Dachverband zusammengeschlossen, der *World Federation of Right-to-Die Societies*, dem „Weltverband der Gesellschaften für das Recht zu Sterben".

(Lange Zeit gehörte die *DGHS* diesem Verband nicht an – ihr langjähriger Vorsitzender Hans Henning Atrott war dort wegen seiner Zyankali-Geschäfte und seines autoritären Auftretens verrufen. Erst nachdem die *DGHS* Atrott ausgeschlossen hatte und einen neuen Vorsitzenden wählte, hat sie der Weltverband wieder aufgenommen.)

## „Laß mich sterben!"

Hildegard F. (Name geändert) ist 64 Jahre alt. Vor dreizehn Jahren hat sie ihren Beruf als Sekretärin aufgegeben, um ihre alten Eltern zu pflegen.

Meine Mutter starb mit 87 Jahren. Sie war schon lange ein hundertprozentiger Pflegefall. Sie konnte ihr Bett seit Jahren nicht mehr verlassen und war inkontinent. Nach ihrem Tod holten wir Vater in unser Haus. Damals war er schon 88 Jahre alt. Unter dem Dach hatte er eine eigene kleine Wohnung mit Dusche und WC. Er konnte noch aufstehen, doch die Treppe war natürlich ein Problem für ihn. Da mußte ich immer mit dabei sein. Er war auch schon fast blind und ziemlich schwerhörig.

Bald fing er an, vom Sterben zu reden. Er wollte nicht mehr leben, weil er nichts mehr sehen und kaum noch hören konnte. Er hatte auch keinen Kontakt mehr zu anderen Menschen. Er kannte hier bei uns in der Gemeinde niemanden. Und wenn Leute vorbeikamen und mit ihm sprachen, konnte er sie nicht mal verstehen. Ich hatte mir angewöhnt, laut und deutlich mit ihm zu reden, mit mir war der einzige Kontakt möglich. Er hat mich immer angefleht, ihm zu helfen, daß er sterben darf. Das war sehr dramatisch, er wurde immer theatralischer. Mit erhobenen Händen flehte er mich an: „Laß mich sterben, laß mich sterben!" Und das fast täglich. Mich hat das seelisch so mitgenommen, daß ich nachts Schwindelanfälle bekam. Mir ging es sehr schlecht in dieser Zeit.

Nach dem Tod meiner Mutter ist er in die *Deutsche Gesellschaft für Humanes Sterben (DGHS)* eingetreten. Die gaben Listen mit Medikamenten heraus, mit denen man sich umbringen kann. Ich mußte ihm immer wieder genau vorlesen, welche Medikamente zum Tode führen. Aber an die kommt man ja so einfach nicht ran. Mehrmals hat mein Vater versucht, sich umzubringen. Einmal wollte er sich mit Rasierklingen die Pulsadern aufschneiden, aber das hat nicht geklappt. Ein anderes Mal hatte er sich wohl abends aus dem Bad alle Schlaftabletten besorgt, die ihm der Arzt verschrieben hatte, weil er so schlecht einschlafen konnte. Morgens kam ich hoch und wunderte mich, daß er noch schlief. Ich hab' ihn geschüttelt – aber er war nicht wach zu kriegen. Und dann sah ich die leere Schachtel mit den Tabletten da liegen. Ich habe sofort den Hausarzt angerufen, der ihn ins Krankenhaus bringen ließ. Zum Magenauspumpen war es zu spät, weil das Schlafmittel schon die ganze Nacht über gewirkt hatte. Aber er ist von selbst wieder wach geworden, ohne Schaden zu nehmen. Das war ein Versuch, wirklich zu sterben – aber es waren zu wenig Tabletten.

Ein anderes Mal waren wir in Urlaub. Und wir haben ihn in eine Pflegestation gegeben, die „Urlaub von der Pflege" ermöglichte. Eine gute Einrichtung, damit Angehörige sich mal wieder erholen können. Doch als er dort war, hat er sein Essen verweigert. „Wenn meine Tochter nicht kommt, dann will ich nichts mehr essen", hat er gesagt. Meine Kinder haben angerufen und gesagt, daß wir gleich zurückkommen sollen, weil sonst der Opa stirbt. Am nächsten Tag sind wir zurückgefahren – und sofort ging es ihm wieder gut.

Er wollte also doch scheinbar nicht sterben. Er wollte, daß sich jemand um ihn kümmert. Dann ist er manchmal richtig aufgelebt. Morgens hab ich ihn immer runtergeholt und den ganzen Tag etwas mit ihm unternommen. Früher, als ich noch ein Kind war, war er immer so ein gütiger Vater gewesen. Doch dann wurde er so furchtbar egoistisch und hat nur noch sich gesehen. Und immer wieder dieses „Laß mich sterben!" Das war für mich die große Schwierigkeit. Ich wußte nicht hundertprozentig, was er wirklich wollte. Auf der einen Seite forderte er immer wieder von mir, ich solle ihm helfen. Aber ich war mir nicht sicher.

Ich habe mich auch an die *DGHS* gewandt. Wegen Medikamenten konnten sie mir dort nicht weiterhelfen. Aber sie haben mir Zyankali angeboten. Einmal hab' ich mit dem früheren Vorsitzenden Atrott telefoniert. Der sagte, ich könnte mich in Würzburg mit einer Mitarbeiterin treffen, die mir dann Zyankali übergeben würde. Für 3.000 Mark. Ich habe mich aber nicht getraut. Später bin ich dann in Frankfurt in die Regionalstelle der *DGHS* gegangen. Dort boten sie mir sogar an, daß ein Mitarbeiter bei uns vorbeikommt – natürlich gegen Fahrtkosten und Arbeitsstunden. Und jetzt sollte das Zyankali sogar 7.000 Mark kosten. Das habe ich dann ziemlich unverschämt gefunden. Die wollten auch nur Geld machen. Das war ja nur Geschäftemacherei.

Aber ganz abgesehen davon hatte ich auch Angst, daß ich vielleicht ins Gefängnis kommen könnte, wenn ich ihm Gift oder Medikamente geben würde, die zum Tode führen. Und dann hätte mich auch mein Gewissen geplagt: Du bist schuld am Tod deines Vaters. Du hast ihn auf dem Gewissen. Das hätte ich mir dann immer vorgeworfen. Doch ich habe ihn auch verstanden.

Gerade im Pflegeheim habe ich wieder gesehen, wie hinfällig viele alte Leute doch sind. Sie können nur noch im Bett liegen, haben keinen Kontakt mehr. Keiner besucht sie. Sie stöhnen und jammern. Das ist doch einfach nicht mehr menschenwürdig. Viele liegen zu zweit in einem Zimmer – zusammen mit anderen Pflegefällen, die auch nur noch stöhnen und jammern. Immer wieder drängt sich mir der Gedanke auf: Kann man Menschen so dahinvegetieren lassen? Noch dazu, wo die Alten immer älter werden. Sie werden zu alt. Und Jugend kommt immer weniger nach. Die können sowieso die Rente nicht mehr bezahlen. Das wird immer schwieriger.

Natürlich gibt es auch Pflegeheime, wo man sich gut um die Menschen kümmert. Aber viele können ja gar nicht mehr über sich bestimmen. Da kommt die Schwester und bringt einfach das Essen. Ganz egal, ob die Menschen jetzt Hunger haben oder nicht. Es ist eben Essenszeit. Das habe ich oft gesehen. Oder sie müssen gleich nach dem Essen um sechs Uhr ins Bett, obwohl sie lieber noch eine Stunde Fernsehen schauen würden. Auf den einzelnen kann man dort oft keine Rücksicht nehmen. Das geht eben nicht. Aber es ist auch so entwürdigend. Wenn ich das sehe, dann weiß ich, so möchte ich nicht vegetieren. Dann habe ich Angst davor, älter zu werden.

Irgendwann ging es aber mit meinem Vater nicht mehr zu Hause. Die Belastung für mich wurde zu groß. Er kam dann in ein Altersheim, gleich im Ort. Dort waren zumindest auch andere Menschen. Einmal am Tag habe ich ihn besucht, einmal in der Woche zu uns geholt. Doch auch dort war dauernd Thema, daß er unbedingt sterben wollte.

Immer und immer wieder hat er davon angefangen. Er wollte einfach nicht mehr leben. Aber ich konnte ihm nicht helfen. Ich hatte ja keine Möglichkeit.

Als er 94 Jahre alt wurde, haben wir ihn auch zu uns geholt. Die Enkelkinder waren da, der Rest der Verwandtschaft. Doch er war vorher schon recht plötzlich einfach schwächer geworden. Er konnte nicht mehr mit uns am Tisch sitzen und lag die ganze Zeit da. Etwa eine Woche später rief abends um zehn Uhr die Schwester aus dem Heim an und sagte, daß es meinem Vater sehr schlecht geht. Ich bin sofort hingefahren, habe die ganze Nacht bei ihm gesessen und seine Hand gehalten. Aber er war nicht mehr bei Bewußtsein. Gegen vier Uhr ist er dann endgültig eingeschlafen. Ganz friedlich, ohne Medikamente, ohne alles.

Das war vor zweieinhalb Jahren. Mir hätte es viel ausgemacht, wenn ich irgendwie Medikamente besorgt hätte. Dann hätte ich jetzt keine ruhige Zeit. So wußte ich, er ist friedlich eingeschlafen. Es war ein normales Sterben. Und das hat mich beruhigt. Eigenartigerweise sind meine Schwindelanfälle bald danach von alleine weggegangen. Das war nur seelisch bedingt. Dennoch glaube ich: Irgendwie muß es doch eine Lösung geben, wenn die Menschen wirklich sterben wollen; eine Lösung für einen humanen Tod.

## Sterbehilfe als Geschäft – Die Deutsche Gesellschaft für Humanes Sterben (DGHS) unter Atrott

Weil die *DGHS* und ihr langjähriger Vorsitzender Atrott die deutsche Diskussion über Sterbehilfe lange Zeit wesentlich bestimmt haben, soll hier ein kurzer Überblick über die Machenschaften der *DGHS* unter Atrotts Führung gegeben werden.

Am Gründungstag der *DGHS*, am 7. November 1980, wurde Hans Henning Atrott zum ersten Bundesvorsitzenden der neuen Gesellschaft gewählt. Laut Satzung sieht sich die *DGHS* als „eine Bürgerrechtsbewegung zur Verwirklichung des Selbstbestimmungsrechts des Menschen bis zur letzten Lebensminute. Sie versteht sich dabei als Vertretung jener

Bürger, die sich das Recht auf Sterbensverkürzung aus humanen Gründen sichern wollen." Mitglieder der *DGHS* erhalten mehrmals jährlich die Zeitschrift *Humanes Leben – Humanes Sterben*. Sie können zwischen mehreren vorbereiteten Patientenverfügungen wählen, in denen sie ihren Willen über medizinische Maßnahmen während ihres Sterbens bekunden. Nach einem Jahr Mitgliedschaft stellte die *DGHS* früher eine Selbstmordanleitung mit dem Titel *Menschenwürdiges und selbstverantwortliches Sterben* zur Verfügung, die regelmäßig auf den neuesten Stand gebracht wurde. Eine „Erfolgsgarantie" für gelungenen Suizid gab die *DGHS* allerdings nicht. Jedes Mitglied mußte hingegen, bevor ihm die Broschüre ausgehändigt wurde, folgende Erklärung unterschreiben: „Ich verpflichte mich, die *DGHS* in keiner Weise strafbar zu machen, wenn unter Benutzung dieser Broschüre ein Freitodversuch scheitern sollte." Atrott schätzte im Jahr 1990, daß sich bis zu diesem Zeitpunkt etwa 3.000 *DGHS*-Mitglieder mit Hilfe von Anleitungen aus der Broschüre das Leben genommen hatten. Nicht alle jedoch, die sich auf diese Weise umbringen – oder, wie die *DGHS* es nannte, „sich selbst erlösen" – wollten, starben auch wirklich. Einige überlebten gegen ihren Willen – zum Teil mit schweren Gesundheitsschäden.

Spektakuläre Fälle von „Sterbehilfe" machten Atrott und seine *DGHS* schnell bekannt. Zunächst arbeitete Atrott dabei mit dem populären und prominenten Arzt Julius Hackethal zusammen, der damals vor allem die Sterbehilfe-Diskussion bestimmte. Hackethal ermöglichte im April 1984 einer 69jährigen Frau den Suizid, indem er ihr Zyankali zur Verfügung stellte, das er von Atrott erhalten hatte. Die Patientin, deren Gesicht durch Hautkrebs und viele Operationen entstellt war, litt unter großen Schmerzen und fand ihr Leben nicht mehr lebenswert. Hackethal filmte ein Gespräch mit ihr mit einer Videokamera und versprach ihr dabei, abends sein Versprechen einzulösen. Er gab ihr das Zyankali, sagte ihr, wie sie es zu verwenden habe, und zog sich zurück. So leistete er nur Beihilfe zur Selbsttötung, die in Deutschland nicht strafbar ist. Die Patientin starb kurz darauf.

In den Medien war Hackethal damals ein „Star", der ein Tabu gebrochen und aus Mitleid geholfen hatte. Was vielen aber nicht klar war: Der Tod durch Zyankali ist alles andere als ein sanfter oder gar würdiger Tod.

Das Zyankali verätzt zunächst den Magen und erzeugt so fürchterliche Schmerzen. Im Durchschnitt tritt der Tod nach einer Viertelstunde ein. Hackethal kam später schnell vom Zyankali ab, „denn leider habe ich erst hinterher erfahren, daß es kein Blitztod ist", sagte er noch im Jahr 1995 in einer Diskussion der *ARD*. Es bleibt dennoch die Frage, wie ein verantwortungsvoller Arzt einem Patienten Gift zur „würdevollen" Selbsttötung überlassen kann, ohne sich zuvor überzeugend über dessen Wirkungsweise informiert zu haben.

Hackethal wurde aber in der *DGHS*-Zeitung zunächst als „barmherzig und moralisch" gelobt. Später jedoch distanzierte sich Atrott von ihm und warf ihm vor, daß der Tod der durch Hautkrebs entstellten Patientin nur „Teil des Einweihungsrummels der Eubios-Klinik wurde". (Im Mai 1984 – wenige Wochen nach ihrem Tod – wurde ein Neubau von Hackethals Eubios-Klinik eröffnet.)

Atrott benutzte selbst aber immer wieder leidende Menschen, um für die *DGHS* zu werben. So ermöglichte er im September 1987 einer nach einem Autounfall querschnittgelähmten 30jährigen Frau den Zyankali-Tod. „Die attraktive junge Frau fristete nur noch eine Existenz als lebender Kopf, denn ihr Körper war gewissermaßen zu einem lebenden Leichnam geworden", hieß es in der Vereinszeitung. Wer hätte da kein Mitleid mit dieser jungen Frau, die sich um ihr Leben gebracht sah und nur noch ein beschränktes Existieren vor sich sah? Wer könnte da nicht verstehen, daß sie nicht mehr leben wollte? Doch etwa ein Jahr vor ihrem Tod hatte sich die junge Frau, die damals schon behindert war, bei dem Journalisten Ernst Klee darüber beklagt, daß sie bislang „überhaupt keine Beratung in Richtung Pflegegeld, Rechte, Leistungen, Wohngeld, behindertengerechtes Bauen oder ähnliches" erhalten habe. Und sie beschwerte sich über katastrophale Mängel bei der Rehabilitation und psychologischen Betreuung. Warum also war ihr Leben nicht mehr lebenswert? Es hatte ihr scheinbar niemand richtig dabei geholfen, mit ihrer veränderten Situation fertig zu werden. Offensichtlich, so Klee, hatte die junge Frau ihre Behinderung noch nicht richtig verarbeitet, als sie Atrott begegnete. „Atrott ist nicht dadurch bekannt geworden, daß er in der Rehabilitation bei der Beseitigung von Mißständen kämpft, sondern daß er die Selbstbeseitigung von Behinderten ermöglicht", meint Klee.

Dennoch kam Atrott, der sich mit Hackethal medienwirksam darüber stritt, auf welche Weise Sterbewilligen besser zum Tod verholfen werden kann, in der Öffentlichkeit immer mehr in den Ruf eines mitleidvollen Sterbehelfers, der dort zupackt, wo andere wegschauen. Die Folge: Die Mitgliedszahlen der *DGHS* stiegen stetig an. Im Jahr 1985 zählte der Verein etwa 10.000 Mitglieder, 1988 15.000, 1991 47.000. Und 1993, als Atrott ins Zwielicht geriet, gehörten rund 60.000 Menschen der *DGHS* an. Jede öffentlichkeitswirksame Beihilfe zur Selbsttötung, die Atrott durchführte, brachte dem Verein neue Mitglieder. Stolz erzählte er 1988 der Bunten: „Durch den Tod der querschnittgelähmten D. vor acht Wochen ... haben wir 2.000 neue Mitglieder gewonnen." Auch Prominente wie Inge Meysel, Ernest Bornemann und der Schauspieler Helmut Fischer traten der *DGHS* bei und machten Werbung für sie.

Doch seit dem Skandal um Atrotts Geschäftemacherei mit der Sterbehilfe ist es mit der Steigerung der Mitgliederzahlen vorbei. Schon lange wurde er verdächtigt, Zyankali an Sterbewillige verkauft zu haben. Der Handel mit dieser tödlichen Chemikalie ist aber gesetzlich verboten. Ende Januar 1993 wurde Atrott auf frischer Tat ertappt, wie er einer Gewährsfrau der Polizei Zyankali verkaufte. Auch andere Mitarbeiter der *DGHS* beauftragte er mit diesem verbotenen Handel. Dabei wurde erst gar nicht versucht, den sterbewilligen Menschen, die sich verzweifelt mit der Bitte nach Gift an die *DGHS* wandten, auf andere Art zu helfen. Der Kontakt war eine reine Tötungsbeziehung.

Atrott machte Geschäfte mit der Angst schwerkranker Menschen: Er verkaufte den Suizidwilligen das brutale Gift, an das sie sonst nicht herankamen, zu einem Grammpreis zwischen 1.000 und 7.000 Mark. Dabei machte er Gewinne, wie sie selbst im Rauschgiftgeschäft nicht zu machen sind: Ein Gramm Zyankali kostet in der chemischen Industrie gerade ein paar Pfennige. Atrott wurde vom Landgericht Augsburg zu zwei Jahren Haft auf Bewährung und 40.000 Mark Geldstrafe wegen illegalen Zyankalihandels und Steuerhinterziehung verurteilt. Direkt nach seiner Verhaftung wurde Atrott von einer außerordentlichen Mitgliederversammlung entmachtet.

Sein Nachfolger als Vorsitzender der *DGHS* wurde der anerkannte Göttinger Suizidforscher Hermann Pohlmeier. Pohlmeier war bislang kein Mitglied. Erst eine Woche vor seiner Wahl trat er der Organisation bei.

Doch gehörte er schon viele Jahre zum Wissenschaftlichen Beirat des Vereins. Eine seiner ersten Amtshandlungen war, die umstrittene Selbstmordbroschüre der *DGHS* zurückzuziehen, denn in vielen Fällen führte diese unzureichende Liste dazu, daß Menschen nicht wie gewünscht „würdig" den Tod fanden, sondern körperlich und psychisch schwer geschädigt überlebten. Seit 1994 vermittelt die DGHS allerdings wieder Bezugsquellen für eine andere „seriöse" Selbstmordbroschüre, die von der schottischen Sterbehilfegesellschaft V.E.S.S. herausgegeben wird. So will die DGHS ihren Ruf als „Selbstmordgesellschaft" wieder loswerden und trotzdem ihren Mitgliedern die gewünschten Informationen zugänglich machen, ohne dafür verantwortlich zu sein.

Außerdem versucht sie, neues Profil zu gewinnen, indem sie verstärkt „Patientenschutzbriefe" anpreist, in denen Mitglieder festlegen, wie sie bei schweren Erkrankungen behandelt werden wollen. Pohlmeier versucht, die *DGHS* wieder „gesellschaftsfähig" zu machen. So distanziert sie sich in ihren Publikationen immer wieder von den Machenschaften unter Atrott, der oft nur noch als „der Gründungspräsident" bezeichnet wird. Es ist Pohlmeier vor allem wichtig, mit anderen Organisationen – national und international – zusammenzuarbeiten. Die Hospiz-Bewegung etwa will er nicht mehr, wie es lange unter Atrott geschehen war, verteufeln, sondern kritisch begleiten. Die *DGHS* wurde mittlerweile auch wieder in den Weltverband der Sterbehilfegesellschaften aufgenommen.

Dennoch ist es still geworden um die *DGHS*. Wie sie sich weiterentwickeln wird, bleibt abzuwarten. Lange hat sie unter dem Mäntelchen der Nächstenliebe Geschäfte mit dem Leid anderer gemacht. Dabei hat sie immer wieder Extremfälle öffentlichkeitswirksam vorgeführt und dabei die Diskussion um würdiges Sterben und „Sterbehilfe" in Deutschland entscheidend geprägt und verzerrt.

# Was bedeutet eigentlich „Sterbehilfe"?

## Begriffsklärung

Die Diskussion um Sterbehilfe ist auch deswegen so verwirrend, weil dieser Begriff oft ganz unterschiedlich verwendet wird. Mal ist nur von Sterbehilfe die Rede, dann werden aktive, passive und indirekte Sterbehilfe unterschieden. Andere Begriffe in der Diskussion sind Euthanasie, Sterbebeistand und Sterbebegleitung, Beihilfe zur Selbsttötung und assistierter Suizid. Und um die Verwirrung zu steigern, wird noch genauestens zwischen „Hilfe zum Sterben" und „Hilfe beim oder im Sterben" differenziert. Im folgenden sollen daher zunächst diese Begriffe voneinander abgegrenzt und erläutert werden. Auf die schwierige rechtliche Problematik, die mit den einzelnen Fällen verbunden ist, wird später eingegangen.

### Euthanasie

Weil der Begriff „Euthanasie" („sanfter Tod") von den Nazis für ihre Tötungsprogramme zur Ausmerzung Alter, Schwacher und Behinderter mißbraucht wurde, hat er im Deutschen eine andere Bedeutung erhalten als in anderen Sprachen. Um das negativ belastete Wort zu vermeiden, führte man hier den Begriff „Sterbehilfe" ein. Verwirrung stiftet, daß „Euthanasie" mal in der einen, mal in der anderen Bedeutung benutzt wird.

### Aktive Sterbehilfe

Wenn im Umgangssprachlichen das Wort „Sterbehilfe" fällt, ist oft aktive Sterbehilfe gemeint - das gezielte und bewußte Beschleunigen des Todes, das in aller Regel auf Wunsch des Patienten geschehen soll. Ein Beispiel: Ein Arzt spritzt einem Patienten ein Medikament, um dessen Tod herbeizuführen. Der Patient stirbt aufgrund der Handlung des Arztes, der seinen Patienten gezielt töten wollte. Wenn es um aktive Sterbehilfe geht, fallen häufig auch die Begriffe aktive Euthanasie, Mitleidstötung ("mercy-killing") oder Tötung auf Verlangen.

**Indirekte Sterbehilfe**

Von indirekter Sterbehilfe spricht man, wenn bei einer unbedingt nötigen medikamentösen Behandlung (meist zur Linderung starker Schmerzen wie z. B. bei einer Krebserkrankung) in Kauf genommen wird, daß das Sterben eines Patienten aufgrund dieser Behandlung beschleunigt wird. Natürlich weiß ein Arzt, etwa wenn er wegen starker Schmerzen hohe Dosen an Morphium-Präparaten spritzt, daß er damit gleichzeitig auch die Atmung der Lunge dämpft und dadurch unter Umständen einen früheren Tod des Patienten herbeiführt. Hier verwischen leicht die Grenzen zur aktiven Sterbehilfe, bei der ein Medikament bewußt gegeben wird, um den Tod herbeizuführen. Der Unterschied liegt in dem Ziel, mit dem ein Arzt eine möglicherweise tödlich wirkende Dosis Morphium verabreicht.

**Passive Sterbehilfe**

Unterläßt man bei einem todkranken Patienten alle lebensverlängernden Maßnahmen, spricht man von passiver Sterbehilfe. Dabei wird auf mögliche Behandlungen verzichtet oder bereits begonnene Behandlungen werden abgebrochen, weil diese medizinischen Maßnahmen nur den natürlichen Ablauf des Sterbens verzögern würden ("Verfälschung des Sterbens"). Zur passiven Sterbehilfe zählt also auch das Abschalten medizinischer Geräte, die einen Körper noch am Leben erhalten. Das Leben des Menschen wird nicht künstlich verlängert. Er wird vielmehr unter Beibehaltung der normalen Grundpflege sich selbst überlassen, so daß der begonnene Sterbeprozeß fortschreiten kann.

Verwirrend bei der Unterscheidung der Begriffe ist oft, daß auch der passiven Sterbehilfe eine aktive Handlung wie das Ausschalten von Geräten zugrunde liegt. Der Begriff „passiv" bezieht sich aber darauf, daß der Mensch nicht an einer aktiven, tötenden Handlung von seiten eines anderen stirbt, sondern weil sein Körper die Lebensfunktionen alleine nicht mehr aufrechterhalten kann. Bei aktiver Sterbehilfe dagegen stirbt der Patient, weil er von außen ein Medikament erhalten hat, das den Tod beschleunigt oder herbeiführt.

## Selbsttötung oder Suizid

Suizid begeht, wer sich durch eine bestimmte zielgerichtete Handlung bewußt selbst tötet. Ein Patient dagegen, der auf ärztliche Behandlungen verzichtet und somit sein Sterben zuläßt, begeht keine Selbsttötung. Auch hier existiert eine Vielzahl von Begriffen. Jürgen Neumann von der *Deutschen Aidshilfe* charakterisiert sie treffend: „Von Selbsttötung reden die Vorsichtigen, jede Wertung vermeiden wollend. Ebenso neutral ist der wissenschaftlich sterile Suizid. Nicht viel nachgedacht hat, wer Selbstmord sagt. Er oder sie hält sich an Sprachgewohnheiten aus Zeiten, in denen es verwerflicher war, sich selbst zu töten, als einen anderen Menschen zu morden. (...) Freitod sagen diejenigen, die hoffen, mit dieser sprachlichen Nebelkerze von dem aggressiven Gehalt abzulenken, der einer jeden Selbstauslöschung innewohnt."

Außerdem gibt es noch den Begriff der Beihilfe zur Selbsttötung – also die Mitwirkung am Suizid eines anderen. Dabei behält jedoch immer der sich Tötende die „Tatherrschaft", der andere kann anwesend sein. Vielleicht hat er auch tötende Medikamente besorgt. Die Begriffe begleiteter oder assistierter Suizid bedeuten ähnliches.

## Sterbebegleitung oder Sterbebeistand

Beide Wörter bedeuten das gleiche – einen Sterbenden nicht allein zu lassen auf seinem letzten Weg, sondern ihn zu unterstützen und da zu sein, wenn er Hilfe braucht. Dazu zählen schmerzlindernde (palliative) ärztliche und pflegerische Versorgung genauso wie mitmenschliche Betreuung. Es geht also nicht darum, Sterben zu verkürzen, sondern Sterbenden zu helfen und einen „würdigen Tod" zu ermöglichen.

Das wird oft als „Hilfe beim Sterben" (oder „im Sterben") bezeichnet - im Gegensatz zur „Hilfe zum Sterben", bei der das Helfen mit einem Verkürzen des Lebens verbunden ist. Beide Begriffe werden immer wieder verwendet, doch sind sie wegen ihrer Ähnlichkeit leicht zu verwechseln und haben sich daher nicht durchgesetzt.

## „Für meinen Vater hätte ich mir Sterbehilfe gewünscht"

Jürgen L., 29 Jahre alt, hat vor zwei Jahren seinen Vater verloren, der nach einem Verkehrsunfall lange im Wachkoma lag.

Nachts klingelte das Telefon. Mein Vater hatte einen Verkehrsunfall. Es sah ernst aus. Ich sollte sofort kommen. Ich habe meine Mutter abgeholt und bin mit ihr ins Krankenhaus gefahren. Nachmittags hatte sich mein Vater von ihr verabschiedet und war mit dem Rad zu einem Fußballspiel gefahren. Danach ist der Unfall passiert. Was genau geschehen ist, wissen wir bis heute nicht.

Wegen einer Lungenquetschung wurde er am Unfallort direkt narkotisiert. Im Krankenhaus zeigte sich dann, daß er sich auf der linken Seite alle Rippen gebrochen hatte, dazu Schädelverletzungen und einen ganzen Haufen kleinerer Brüche. Bewußtlos lag er auf der Intensivstation, es war ein schreckliches Bild, mit all den Schläuchen. Aber gleichzeitig dachte ich auch: Das wird schon wieder. Schließlich war mein Vater ein großer, kräftiger Mann, bei dem man sich nicht vorstellen konnte, daß er so einfach auf der Straße bleiben würde.

Noch in der Nacht wurde uns gesagt, daß sich sein Kreislauf stabilisiert hatte und er nicht mehr in akuter Lebensgefahr schwebte. Das gab uns natürlich Hoffnung, daß alles gut ausgehen würde.

In den nächsten Tagen gab es viele Untersuchungen. Mein Vater blieb weiterhin unter Narkose. Bei einer Computertomographie wurden im Nebenhirn mehrere Ausblutungen festgestellt. Doch was das bedeutete, ahnte noch keiner. Bald war er wieder so weit, daß seine Lunge selbständig atmen konnte. Er wurde von der Lungenmaschine abgestöpselt und die Narkose wurde immer weiter reduziert. Jetzt würde es nur noch ein paar Tage dauern, bis er wieder bei Bewußtsein sei, sagten uns die Ärzte. Doch daraus wurde nichts. Sein Kreislauf war zwar stabil und er konnte ohne fremde Hilfe atmen. Er lag mit offenen Augen da, starrte in den Raum und reagierte auch mit Reflexen, doch er kam nicht zu Bewußtsein. Immer mehr Anzeichen sprachen dafür, daß er so schnell sein Bewußtsein nicht mehr erlangen würde. Da hörten wir zum ersten Mal den Begriff Apallisches Syndrom. Und je länger er in dieser Art von wachem Koma lag, desto unwahrscheinlicher war es, daß er wieder daraus aufwachen würde.

Wir haben versucht, möglichst unbefangen damit umzugehen. Wir haben mit ihm gesprochen, uns möglichst normal unterhalten und im Gespräch immer wieder seinen Namen genannt, um ihn miteinzubeziehen. So als ob er alles wahrnehmen könnte. Mit der Zeit fiel das auch immer leichter. Nach sechs Wochen im Krankenhaus sagte man uns, daß eine intensivmedizinische Betreuung nicht mehr notwendig sei. Die Ärzte gaben ihm keine Chance auf Besserung mehr. Ein Schock für uns – unsere Hoffnung schwand immer mehr. Es hieß aber auch: Wir mußten nach einem Platz für ihn suchen. Nach Hause konnten wir ihn nicht mitnehmen. Mein Bruder und ich wohnten nicht mehr bei unseren Eltern, sondern in anderen Städten. Meine Mutter alleine hätte das auch mit einem ambulanten Pflegedienst nicht leisten können. Schließlich ist ein Apalliker ein Schwerstpflegefall. Wir versuchten, ihn in verschiedenen Pflegeheimen unterzubringen, doch keiner wollte ihn haben. Durch Zufall hörte meine Mutter von einem Hospiz in der Nähe. Dort war man bereit, meinen Vater aufzunehmen. Das war eine Fügung, sagt sie heute.

Dieses Hospiz war ein magischer Ort. Schön gelegen. Und eine solche Atmosphäre wie in diesem Haus habe ich noch nie erlebt. In meiner Zivildienstzeit habe ich viele Pflegestationen kennengelernt. Doch nirgends ist man so liebevoll mit den zu Pflegenden umgegangen wie hier. So etwas kann man nur jedem wünschen, der sterben muß. Doch mir war noch nicht klar, daß mein Vater zum Sterben hergekommen war. Im Gegenteil – wir hatten alle gehofft, daß da noch etwas in ihm war. Und wirklich wurde er im Hospiz zunächst immer aktiver. Die Pfleger meinten, mein Vater fixiere sie mit den Augen und beobachte sie. Über Walkman haben wir ihm seine Lieblingsmusik vorgespielt. Und wenn wir ihn besuchten, nahmen wir manchmal unsere Katze mit, denn mein Vater war ein großer Katzenliebhaber. So hatten wir zwei oder drei Monate Hoffnung.

Nach einer kurzfristigen Besserung passierte aber nicht mehr viel. Mein Vater hatte einen regelmäßigen Rhythmus von Wach- und Schlafphasen gefunden, in denen seine Augen offen oder geschlossen waren. Dieser Zustand wurde bald normal – auch für uns. Am Wochenende bin ich mit meiner Mutter zu ihm gefahren. Wir haben Kaffee und Kuchen mitgenommen, von seinem Fenster aus hatte man einen schönen Blick. Dann saßen wir da und haben erzählt. Sogar zwei Geburtstage haben wir dort gefeiert.

Doch nach etwa einem halben Jahr im Hospiz kam eine plötzliche Verschlechterung. Mein Vater hatte Durchblutungsstörungen, so daß ein Bein abgenommen werden mußte. Von diesem Zeitpunkt an hatte er wohl keinen Willen zum Weitermachen mehr. Er verweigerte die Nahrung. Auch eine Sonde, die ihm in den Magen eingeführt wurde, nahm er nicht mehr an, sondern drückte sie zurück. Sechs oder sieben Wochen hat er nur von Tee gelebt. Da war für uns die Hoffnung endgültig vorbei, daß er noch mal zu Bewußtsein kommen würde. Wir standen immer bei ihm am Bett, um ihm das Gefühl zu geben, daß er noch gebraucht wird. Doch es war mehr ein Abschiednehmen – ein einseitiger Abschied.

Wir wollten gerne dabei sein, wenn er stirbt. Ein paarmal sah es auch so aus, als sei es soweit. Dann wurden wir vom Hospiz aus angerufen. Das sind Situationen, die man nicht vergißt. Man rennt los, springt ins Auto, holt die Mutter ab. Und dann saßen wir nachts an seinem Bett. Er hatte schon die typische Schnappatmung, die kurz vor dem Tod in unregelmäßigen Abständen eintritt. Wir waren fest davon überzeugt, daß er nun starb. Doch das Ganze hat sich drei- oder viermal wiederholt.

Ich habe mir oft gewünscht, daß es endlich vorbei ist. Weil es für meinen Vater so schlimm war. Aber das ist schwer auseinanderzuhalten – denn ich habe auch meine Mutter so leiden sehen. Irgendwann nach einem dreiviertel Jahr war eben auch ihre Kraft zu Ende. Ich hätte mir gewünscht, daß mein Vater einfach losläßt und stirbt. Aber vielleicht hat er diese Zeit auch gebraucht, um mit seinem Leben abzuschließen. Das sagt man sich dann so – als Erklärung.

Oft haben wir uns überlegt, wie mein Vater empfinden würde, wenn er ein aktuelles Bewußtsein gehabt hätte. Die ganze Familie war sich sicher, daß er so nicht leben wollte. Mit diesem Thema hatte sich mein Vater intensiv auseinandergesetzt – denn vor einiger Zeit hatte er schwere Operationen überstanden. Und ihm war immer klar gewesen, daß er kein Pflegefall werden wollte. Jetzt konnte er nicht Hand an sich legen. Aber er hätte das getan, wenn er die Möglichkeit dazu gehabt hätte, da bin ich mir sicher. In diesen Nächten, die wir im Hospiz verbracht haben, habe ich mir oft überlegt, ob ich ihm nicht dabei helfen sollte, seinen Willen durchzuführen. Einmal hätte ich es fast getan. Meine Mutter war aus dem Zimmer gegangen. Er hatte wieder diese Schnappatmung – minutenlange Aussetzer dazwischen. Das war schwer zu ertragen für mich. In dem Moment konnte ich nicht daran denken, daß er vielleicht gerade mit seinem Leben abschloß und losließ. Für mich sah das so schrecklich aus: Mein Vater, den ich liebte, lag da und litt – und ich hätte ihm helfen können. Ich war kurz davor, ein Kissen zu nehmen und es ihm vors Gesicht zu halten. Doch dann kam meine Mutter ins Zimmer. Und das hielt mich davon ab. Für mich war das kein würdiges Sterben mehr, sondern ein Krepieren. Trotz der Umstände in diesem Hospiz, wo die Leute so liebevoll mit ihm umgegangen sind. Ich hätte bei ihm aktive Sterbehilfe befürwortet. Mein Vater ist schließlich gestorben, als wir nicht dabei waren.

# Die rechtliche Lage der Sterbehilfe

## Euthanasie in den Niederlanden

Ein großer Teil der Sterbehilfe-Diskussion kreist um die aktive Sterbehilfe, die von vielen gefordert wird, um ein würdiges und selbstbestimmtes Sterben zu ermöglichen. Die Befürworter solcher Regelungen verweisen dabei meist auf unser Nachbarland – die Niederlande. Dort kann ein Patient einen Arzt bitten, ihm eine tödlich wirkende Spritze zu geben oder die Selbsttötung zu ermöglichen, ohne daß der Arzt befürchten muß, dafür von Rechts wegen bestraft bestraft zu werden. Holland ist damit das einzige europäische Land, in dem gesetzliche Regelungen zur Sterbehilfe existieren. Seit dem 1. Juni 1994 gilt ein Gesetz, das die in den Niederlanden entstandene und bereits seit Jahren geduldete Praxis der aktiven Euthanasie legalisiert.

Doch schon seit einer Entscheidung des Bezirksgerichts Rotterdam im Jahr 1981 können holländische Ärzte davon ausgehen, daß sie nicht mehr gerichtlich verfolgt werden, wenn sie aktive Sterbehilfe leisten. Zwar sind nach holländischem Recht aktive Sterbehilfe (Höchststrafe zwölf Jahre) und Beihilfe zur Selbsttötung (Höchststrafe drei Jahre) prinzipiell strafbar. Doch auch der Hohe Rat, das höchste Gericht der Niederlande, urteilte im Jahr 1984, daß auf die Bestrafung eines Arztes verzichtet werden muß, wenn er sich nach sorgfältiger Prüfung und Beratung in einer Situation auf eine Notlage, einen „übergesetzlichen Notstand", beruft, in der ihn ein Patient um Sterbehilfe bittet. Damit ist die aktive Sterbehilfe möglich geworden.

Im gleichen Jahr hat das Präsidium des größten niederländischen Ärzteverbandes, der *Königlich-Niederländischen Gesellschaft zur Förderung der Heilkunde*, eine Stellungnahme herausgegeben, die Grundlage für die praktische Durchführung und die Rechtsprechung der ärztlichen Standesvertretung wurde. Voraussetzung für straffreie Tötung auf Verlangen und die Beihilfe zur Selbsttötung sind demnach

▪ die ausdrückliche Bitte des Patienten,
▪ die wiederholte Beratung zwischen Arzt und Patient, wobei der Arzt auch die Möglichkeiten des Weiterlebens etwa mit Schmerztherapie erläutert haben muß (das schließt auch mit ein, daß sich Arzt und Patient schon lange kennen sollen, also eine „Beziehung" zwischen ihnen besteht),
▪ die Konsultation eines weiteren unabhängigen Mediziners
▪ und ein Bericht des behandelnden Arztes, der über den Verlauf der Krankheit Gespräche mit dem Patienten und die Motivation des lebensbeendenden Eingriffs Auskunft gibt.

Der Kranke hat die Wahl zwischen einer schnell wirkenden Spritze und einem „Giftbecher", bei dem der Tod nach Stunden der Bewußtlosigkeit eintritt. Nach Angaben von Dr. Pieter Admiraal, dem bekanntesten niederländischen Euthanasiearzt, der schon bei mehr als hundert Menschen aktive Sterbehilfe geleistet hat, sind die häufigsten Gründe völlige Erschöpfung und starke Ermüdung der Kranken; ihr physischer und psychischer Zustand sei nicht mehr „menschenwürdig" gewesen, sie hatten ein Gefühl der Sinnlosigkeit.

Erst seit November 1990 besteht eine Meldepflicht für Sterbehilfe, vorher war über die genaue Zahl der Euthanasiefälle nur wenig bekannt. Die Zahl der Ärzte, die ihre Fälle auch wirklich melden, nimmt zwar stetig zu (von 591 Meldungen im Jahr 1991 auf 1.427 Meldungen im Jahr 1994). Doch wird vermutet, daß bis zu zwei von drei Ärzten nicht melden, wenn sie „Hilfe zum Sterben" (also aktive Sterbehilfe und Beihilfe zur Selbsttötung) geleistet haben.

Im *Remmelink-Report*, einer Untersuchung für die niederländische Regierung aus dem Jahr 1991, wurde die Euthanasie-Praxis, wie sie über Jahre hinweg in Holland entstanden ist, untersucht. Demnach starben im Jahr 1990 insgesamt etwa 130.000 Menschen in den Niederlanden. Bei schätzungsweise

▪ 2.300 Menschen (1,8 Prozent aller Todesfälle) wurde aktive Sterbehilfe auf ausdrücklichen Wunsch des Patienten,
▪ bei etwa 400 Menschen (0,3 Prozent) ärztliche Beihilfe zur Selbsttötung,

■ bei etwa 1.000 weiteren Fällen (0,8 Prozent) aktive Sterbehilfe ohne ausdrücklichen Wunsch des Patienten geleistet.

Bei insgesamt etwa 3.700 Todesfällen (2,9 Prozent) war also ein Arzt aktiv daran beteiligt, das Leben von Patienten zu beenden. Anders als in den Richtlinien des niederländischen Ärzteverbandes vorgesehen, werden aber auch Patienten (etwa im Koma) durch aktive Sterbehilfe getötet, die diesen Wunsch nicht ausdrücklich geäußert haben. Im *Remmelink-Report* heißt es dazu, daß der Arzt bei etwa 59 Prozent dieser Fälle zumindest Anhaltspunkte für einen solchen Wunsch gehabt habe. Normalerweise kannte der Arzt die Patienten über eine Dauer zwischen 2,4 bis 7,2 Jahre hinweg. Das Leben der Patienten wurde in den meisten Fällen (86 Prozent) um einige Stunden bis höchstens eine Woche verkürzt. Im gleichen Zeitraum sollen die Ärzte mit etwa 9.000 Anfragen nach vorzeitiger Beendigung des Lebens von Patienten konfrontiert worden sein. Bei etwa 68 Prozent der Fälle handelte es sich um Tumorpatienten. Ursachen für den Wunsch nach aktiver Euthanasie waren vor allem: Verlust von Würde (in 57 Prozent aller Fälle), Schmerzen (46 Prozent), unwürdiges Sterben (46 Prozent), Abhängigkeit von anderen (33 Prozent), Lebensmüdigkeit (23 Prozent). Nur bei fünf Prozent aller Euthanasiefälle wurde Schmerz als einziger Grund für den Wunsch nach Tötung angegeben. Die Autoren des *Remmelink-Reports* sind der Ansicht, daß das medizinische Entscheiden und Handeln am Lebensende im großen und ganzen von „guter Qualität" ist.

Dieser Bericht war als Diskussionsgrundlage für das Gesetz gedacht, das die Sterbehilfe regeln soll. Im Dezember 1993 wurde nach langen öffentlichen Debatten ein Gesetz verabschiedet, das schließlich im Juni 1994 in Kraft trat. Doch ist dieses Gesetz kein ausdrückliches „Sterbehilfegesetz", sondern nur eine geänderte Fassung des alten niederländischen Bestattungsgesetzes. Es regelt das detaillierte Meldeverfahren, das Grundlage für die Straffreiheit von aktiver Sterbehilfe ist.

Der Arzt, der aktive Sterbehilfe geleistet hat, muß einen genauen Bericht darüber abgeben, wie der Prozeß des Sterbens abgelaufen ist. Ein zentraler Punkt dabei ist, wie sich der Arzt mit seinem Patienten und dessen Bitte nach Lebensbeendigung auseinandergesetzt hat. Auch über die Konsultierung des zweiten Arztes muß berichtet werden. (Fälle von passiver oder indirekter Sterbehilfe müssen nicht gemeldet werden, denn sie gehören zum erlaubten, normalen ärztlichen Handeln.) Dieses Gutachten gibt der Arzt an den örtlichen Leichenbeschauer weiter, der die Angaben überprüft und dann dem Staatsanwalt den Fall meldet. Der Staatsanwalt entscheidet schließlich, ob der Arzt wirklich im Notstand oder auf höhere Gewalt hin gehandelt hat. Sollte er das nicht getan haben, schreitet er zur Verfolgung. Auf jeden Fall soll ein Verfahren eröffnet werden, wenn der Arzt den Patienten ohne ausdrücklichen Wunsch getötet hat. Dann entscheidet ein Gericht, ob er straffrei bleibt. Dieses Gesetz zur Regelung der aktiven Sterbehilfe ist das Ergebnis langjähriger Diskussionen, die in den Niederlanden geführt wurden. Es ist hervorgegangen aus Gerichtsurteilen und einer sich daraus ergebenden Praxis der Euthanasie. Das absolute Tötungstabu bleibt offiziell noch bestehen. Auch die Tötung auf Verlangen ist weiterhin ein Straftatbestand. Doch im Prinzip besteht Straffreiheit.

Eine große Mehrheit der Bevölkerung in den Niederlanden steht hinter diesem Gesetz und der Euthanasie-Praxis. Diese Zustimmung zeigt sich auch in der Beliebtheit der holländischen Sterbehilfegesellschaft: Der *Vereniging voor Vrijwillige Euthanasie* gehören mittlerweile etwa 80.000 Mitglieder an. Doch trotz der relativ großen Einmütigkeit in der Bevölkerung gibt es auch in den Niederlanden scharfe Kritik an der Euthanasie-Praxis. Die recht kleine Gegenbewegung wird angeführt von der katholischen Zeitung *Katholiek Niewsblad* aus Hertogenbosch. Hier können kleine Plastikkärtchen, sogenannte „Credocards" bezogen werden, mit denen man sich als Gegner aktiver Sterbehilfe ausweisen kann. So wollen sich Träger dieser Karte davor schützen, vielleicht gegen den eigenen Willen getötet zu werden, wenn sie sich selbst nicht mehr dazu äußern können. Auf den Karten steht: „Der Träger dieser Karte ist katholisch, erbittet in Lebensgefahr geistlichen Beistand durch einen Priester und erklärt sich nicht einverstanden mit aktiver Euthanasie." Schon im Jahr 1993 hatten sich mehr als 10.000 Menschen, die die Mißachtung ihres Rechts auf Leben befürchten, eine solche Credocard besorgt. Als das neue Gesetz verabschiedet wurde, kam auch harsche Kritik aus dem Vatikan. Kurienkardinal Sgreccia, der Sekretär des päpstlichen Rates für Angelegenheiten der Familie, verglich die niederländische Regelung mit der Vernichtung „unwerten Lebens" in Nazi-Deutschland. Im Radio

Vatikan sagte er, dieses Gesetz führe „zur Beendigung von Menschenleben, die wirtschaftlich nicht mehr von Nutzen sind". Die niederländische Regierung reagierte auf diese kirchliche Stellungnahme mit Empörung. Auch nach Inkrafttreten des Gesetzes kommt die Diskussion um die Sterbehilferegelungen nicht zur Ruhe. Immer wieder werden Fälle bekannt, wo sich Ärzte nicht an die als liberal angesehenen Bestimmungen gehalten haben. Für großes Aufsehen sorgte 1994 etwa Gerard van Dinter – bis zu seiner Pensionierung der höchste Beamte im holländischen Justizministerium. Van Dinter sprach davon, daß es im Land „herumreisende Euthanasieärzte" gebe, die Sterbehilfe leisteten, ohne den Patienten schon lange zu kennen. Der Generalsekretär für Volksgesundheit, Jan Verhoeff, bestätigte diese Vorgänge. Eine „nicht unansehnliche Anzahl von Ärzten" verletze wahrscheinlich die Sorgfaltspflicht, die ihnen das Gesetz aufträgt. Der Ärzteverband reagierte empört auf diese Beschuldigungen und gab an, daß solche Fälle von Sterbehilfe dem Verband nicht bekannt seien.

Auch weiterhin beschäftigt Sterbehilfe die niederländischen Gerichte. Denn immer wieder werden Fälle gemeldet, bei denen sich Ärzte nicht an die strengen Regeln halten. So hatte ein Psychiater einer psychisch kranken Patientin mit starken Depressionen die Selbsttötung ermöglicht. Körperlich war die Frau kerngesund. Ihr Arzt hatte zuvor nicht einmal einen zweiten Arzt konsultiert. Aber nur deswegen, weil kein weiterer Arzt hinzugezogen wurde, entschied der Hohe Rat, daß die Tat strafbar und schuldhaft war. Eine Unterscheidung zwischen Hilfe zur Selbsttötung aus körperlichen oder psychischen Ursachen machten die Richter nicht. Ausdrücklich sahen sie dennoch von einer Strafverfolgung ab. Damit ist es jetzt auch als legal anerkannt, psychisch Kranken zur Selbsttötung zur verhelfen. Sterbehilfe darf also auch bei Patienten geleistet werden, die nicht im Sterben liegen; sie ist dann erlaubt, wenn das Leiden „aussichtslos und unerträglich" geworden ist.

## „Sterbehilfe wäre bei mir eine katastrophale Fehlentscheidung gewesen!"

Guido S. ist 29 Jahre alt und verheiratet. Er war so schwer an Krebs erkrankt, daß ihm ein Arzt nur noch vier Monate Lebenszeit voraussagte. Das war vor fünf Jahren. Kürzlich hat Guido seine Meisterprüfung als Mechaniker bestanden.

Anfang Januar 1990 habe ich erfahren, daß ich Krebs habe. Zunächst hieß es, es sei Dickdarmkrebs. Ich hatte schon überall Knoten und Geschwulste. Ein Teil meines Dickdarms wurde mir entfernt. Fünf Chemotherapien hatte ich bis dahin über mich ergehen lassen – eine große Quälerei. Doch deren Wirkung war gleich Null. Die ganze Bauchhöhle war schließlich befallen. Ich war durchmetastasiert von oben bis unten. Alle Lymphknoten waren ganz dick geschwollen, sie fingen an, die Blutgefäße abzudrücken, so daß ich schon massive Schwierigkeiten beim Gehen bekam.

In der Klinik, in der ich damals lag, wollten sie noch weitermachen mit diesen Chemotherapien. Doch ich wollte nicht mehr. Das wäre doch Humbug gewesen, das noch mal zu versuchen. Das hätte keinen Sinn mehr gemacht, und ich hätte mehr von diesen Zyklen auch gar nicht ausgehalten.

Im Lauf des Jahres ging es mir immer schlechter, weil der Krebs immer weiter fortschritt. Ich fragte einen Arzt in der Klinik, wieviel Zeit ich denn noch hätte. Aber der wollte nicht damit rausrücken. Ich mußte ihn lange bedrängen, bis er endlich etwas sagte. Und er war dabei äußerst vorsichtig. Doch nach seiner Erfahrung, meinte er, hätte ich vielleicht noch vier Monate, bis Weihnachten 1990. Er könne für mich nichts mehr machen. Mit seiner Schulmedizin, seiner Weisheit sei er am Ende. Aber er schränkte es sofort auch wieder ein. Er wisse nicht genau, wie lange ich so noch leben könnte.

Da dachte ich: Jetzt geht es dir wirklich an den Pelz. Vor allem, als es mir immer noch schlechter ging. Doch eine weitere Chemo wollte ich nicht mehr probieren. Meine Mutter hat mich dann schließlich bequatscht und so lange genervt, bis ich dann noch mal in eine Spezialklinik gegangen bin, die für ihre onkologischen Behandlungen bekannt war. Aber aus meiner Zivildienstzeit wußte ich auch: Da gehen die meisten noch senkrecht rein – und kommen dann waagerecht wieder raus. Aber meiner Mutter zuliebe bin ich dann doch hingegangen.

Der Arzt dort wollte natürlich gleich wieder eine Chemotherapie mit mir machen. Doch ich wollte nicht. Darauf kann ich gut verzichten, sagte ich. Denn das bringt sowieso nichts mehr. Und dann kann ich's mir auch sparen. Es geht einem doch nur ziemlich elend dabei. Und lieber noch drei Monate gut gelebt, als ein halbes Jahr rumgekrebst. Dann kam noch ein Radiologe dazu und meinte: „ So einfach stirbt's sich aber nicht." Das ist nicht ganz richtig, antwortete ich ihm. Es sei mit Sicherheit schwieriger, jetzt weiterzuleben, als zu sterben. In diesem Augenblick bedeutete das Weiterleben ganz klar, daß man noch viele Qualen auf sich nehmen mußte. Da muß man ganz schön viel Lebensmut für aufbringen. Der andere Weg ist dann der einfachere, sagte ich.

Doch der Onkologe meinte, er wolle mal eine andere Art der Chemo ausprobieren. Denn wenn ich wirklich Dickdarmkrebs hätte, dann hätte er noch nie einen Krebspatienten gesehen. Wahrscheinlich hätte ich eine äußerst seltene Form eines Keimzell-Tumors. Er schlug vor, diese neue Art der Therapie drei Tage lang auszuprobieren und zu schauen, ob sie wirkt. Und dann könne ich immer noch entscheiden, ob ich die Behandlung weiter wolle oder nicht. Na, drei Tage kann man durchaus mal riskieren, dachte ich mir. Was sind schon drei Tage! Und wenn der Arzt sich so sicher ist, wird vielleicht auch was dran sein. Und deshalb hab' ich dann eingewilligt – für drei Tage. Doch damit hatte mich der Arzt gründlich belogen. Von Anfang an hatte er gewußt, daß eine ganze Reihe von Behandlungen hinterher kam. Und die waren auch von Anfang an geplant gewesen. Von den Nebenwirkungen her war diese Therapie übler als alles, was ich bis dahin mitbekommen hatte. Übelkeit, Kopfweh, man bekam Depressionen. Meine Psyche ging dabei voll in den Keller. Und ich war total abgeschlafft – als hätte man mir die Luft abgelassen. Aber ich habe dabei immer versucht, meine Psyche zu schützen und möglichst die Informationen aus meinem Körper nicht in meinen Kopf vordringen zu lassen. Die ganze Zeit über hatte ich auch noch die Schmerzen von den Metastasen in den Beinen. Es ging mir so dreckig, daß ich oft dachte, ich würde krepieren. Wenn ich da die Möglichkeit gehabt hätte, ich hätte mir eine Kugel durch den Kopf gejagt oder eine Zyankali-Tablette geschluckt. Doch nach drei Tagen gingen diese Schmerzen langsam weg. Ich sage immer: Ich habe in einen langen schwarzen Tunnel geschaut – und das war der Tag, an dem ich ganz hinten ein kleines Licht gesehen habe.

Ich konnte sogar fühlen, wie die Knoten immer dünner wurden und schließlich verschwanden. Nach sechs Tagen waren sie weg. Die Wirkung der neuen Therapie war voll da, sie war eingeschlagen wie ein Hammer. Mir ging's zwar dreckig dabei, aber das war auf jeden Fall klar. Zehn Tage dauerte die erste Therapie – und das war von Anfang an vom Arzt so geplant gewesen. Genauso wie die Bestrahlungen danach, die er mir auch verheimlicht hatte. Das war noch schlimmer als alles, was ich bis dahin erlebt hatte.

Danach folgten noch einige schlimme Behandlungen, es kam auch wieder mal ein Rückfall dazwischen. Was ich den Ärzten vorwerfe, ist, daß sie mir nie sagten, was sie wirklich wußten. Ich hätte bestimmt auch in diese neue Chemo eingewilligt, denn der Arzt schien mir zu wissen, wovon er sprach. Hätte ich gewußt, was auf mich zukommt, hätte ich mich auch darauf einstellen können. Doch so hieß es immer: Wir müssen noch eine Chemo machen, noch mal Bestrahlungen. Das hat mich immer wieder zurückgeworfen an den Anfang des langen Tunnels. Es mag Patienten geben, mit denen man so umgehen muß – für mich wäre aber eine andere Art besser gewesen.

In den ganzen Behandlungsjahren hat es einige Situationen gegeben, wo ich mich gerne umgebracht hätte. Oder als ich hörte, daß ich nur noch ein paar Monate hätte. Das sind Augenblicke, da kann man auch schnell nach Sterbehilfe rufen. Doch in meinem Fall wäre das eine katastrophale Fehlentscheidung gewesen. Ich hätte einen riesigen Fehler gemacht. Da wäre ich schon lange tot. Jetzt habe ich schon anderthalb Jahre Ruhe, keine Chemos und sonstiges mehr.

Ich weiß nicht, wie das klappen soll mit Sterbehilfe und selbstbestimmtem Sterben. Wer soll denn da die Entscheidung fällen? Der Betroffene selbst kann sie nicht treffen, das weiß ich aus eigener Erfahrung. Da sieht man nur, es geht mir schlecht. Und es wird mir noch schlechter gehen. Man ist einfach zu befangen, um das selbst klar entscheiden zu können. Laß mich sterben, hätte ich dann auch gesagt. Ich hatte ja die Schnauze voll von allem. Aber wer soll eine solche Entscheidung über Leben und Tod denn treffen? Ein anderer? Ein Arzt? Meiner Meinung nach kann das niemand entscheiden.

## Die juristische Lage in Deutschland

Die Verhältnisse in Deutschland sind ganz andere als in den Niederlanden. Wie in den meisten Ländern existieren auch in der Bundesrepublik keine eigenen Gesetze, die speziell Sterbehilfe regeln. Rechtliche Regelungen werden daher aus anderen Gesetzen und juristischen Grundsätzen abgeleitet.

Grundlegend ist die generelle Unverletzbarkeit des menschlichen Lebens. Daraus folgt auch das prinzipielle Verbot der Tötung fremden Lebens (§§ 211-213, 216 und 217 des Strafgesetzbuches). Die Selbsttötung dagegen ist kein Straftatbestand und daher straffrei. In der Logik des deutschen Rechts folgt daraus, daß auch die Beihilfe zur Selbsttötung nicht bestraft werden kann. Denn warum sollte jemand dafür bestraft werden, wenn er einem anderen bei einer erlaubten Handlung hilft? (Dies ist ein wesentlicher Unterschied zur holländischen Gesetzgebung. Dort kann eine Beihilfe zum Suizid theoretisch mit bis zu drei Jahren Gefängnis bestraft werden.)

Von großer Bedeutung sind außerdem das Selbstbestimmungsrecht des Patienten und die Wahrung der Menschenwürde, die das Grundgesetz garantiert. Der Patient hat ein Anrecht darauf, daß sein Leben geschützt wird. Gleichzeitig darf aber kein Arzt Behandlungen fortsetzen, wenn sein Patient ausdrücklich dagegen ist. Wegen des prinzipiellen Tötungsverbotes darf ein Arzt (oder auch eine andere Person) allerdings nicht alles tun, was ein Patient vielleicht verlangt. Welche Auswirkungen diese Grundsätze für die verschiedenen Formen von Sterbehilfe haben, wird im Anschluß genauer erläutert.

### Aktive Sterbehilfe

In Deutschland ist aktive Sterbehilfe klar verboten. Immer wieder gibt es Fälle, in denen Krankenschwestern oder Pfleger Alte und Kranke ohne deren Wissen töten. Abhängig von ihrer Motivation begehen die Tötenden dann Mord (§ 211 des Strafgesetzbuchs) oder Totschlag (§ 212 StGB). Wichtiger für die Sterbehilfe-Diskussion ist allerdings § 216 StGB „Tötung auf Verlangen". Sein Wortlaut:

(1) Ist jemand durch das ausdrückliche und ernstliche Verlangen des Getöteten zur Tötung bestimmt worden, so ist auf eine Freiheitsstrafe von sechs Monaten bis zu fünf Jahren zu erkennen.

(2) Der Versuch ist strafbar.

Unter diesen Paragraphen fallen aber nicht nur Sterbehilfefälle, sondern beispielsweise auch gemeinsame Tötungen von Liebespaaren in scheinbar ausweglosen Situationen. Bei der Strafverfolgung spielt „Tötung auf Verlangen" kaum eine Rolle. So gab es 1987 vier, 1988 sechs, 1989 drei und 1990 fünf Verurteilungen nach § 216. Ob darunter auch Fälle von aktiver Sterbehilfe waren, ist in der Strafverfolgungsstatistik nicht explizit ausgewiesen.

Die Berufsordnungen der deutschen Ärzte enthalten keine ausdrücklichen Regelungen zur Sterbehilfe. *Die Richtlinien der Bundesärztekammer zur ärztlichen Sterbebegleitung* von 1993, für Ärzte eine wichtige Richtschnur für ihr Verhalten gegenüber Patienten, sprechen sich aber eindeutig gegen aktive Sterbehilfe aus: „Eine gezielte Lebensverkürzung durch Eingriffe, die den Tod herbeiführen oder beschleunigen sollen, ist unzulässig und mit Strafe bedroht, auch dann, wenn sie auf Verlangen des Patienten geschieht."

### Warum ist aktive Sterbehilfe verboten?

Der Mensch hat ein prinzipielles Selbstbestimmungsrecht. Sein Leben ist ein individuelles Gut, über das er – juristisch gesehen – frei verfügen kann. Hat der Mensch da nicht auch das Recht, den Zeitpunkt seines Sterbens selbst zu bestimmen? Gerade wenn er so leidet, daß sein Leid nicht mehr zu lindern und sein Tod absehbar geworden ist? Warum darf er dann nicht einen Arzt (oder eine andere Person) bitten, ihn zu töten, um von seinem Leid erlöst zu werden, wenn er sich selbst nicht mehr helfen kann? Warum ist aktive Sterbehilfe prinzipiell verboten?

Diese Fragen werden oft gestellt von Menschen, die „das Recht auf den selbstbestimmten Tod fordern, die Angst vor einem langen qualvollen Tod haben. Eine Vielzahl juristischer, ethisch-moralischer, kirchlicher und medizinisch-ärztlicher Gründe und Bedenken spricht jedoch dagegen, aktive Sterbehilfe einzuführen oder zu tolerieren.

Aktive Sterbehilfe würde gegen das prinzipielle Tötungsverbot verstoßen. Ein Mensch würde letztlich über das Leben eines anderen verfügen. Denn auch, wenn die Tötung auf Wunsch des Patienten geschieht, liegt die Entscheidung über dessen „selbstbestimmten" Tod letztlich doch beim Arzt (oder einer anderen, handelnden Person). Außerdem ist fraglich, inwieweit das Recht zum Leben und das Recht zum Sterben auch ein „Recht auf Getötetwerden" einschließt.

Gerade das Verhältnis zwischen Arzt und Patient könnte sich schwierig gestalten, wenn der Arzt auch die Befugnis zum Töten hätte. Es könnte das Vertrauen des Patienten in den Arzt zerstören, wenn der Arzt, der sich um das Leben und Wohlergehen des Patienten sorgen soll, ihn vielleicht auch töten könnte.

Eine weitere Befürchtung ist, daß die allgemeine Bereitschaft zu töten durch eine solche Regelung zunähme. Wer entscheidet etwa darüber, wie lange ein Patient vielleicht noch zu leben hat? Die Gefahr besteht, daß die Grenzen immer weiter verschoben werden, daß schließlich auch andere Menschen, die großes Leid ertragen müssen, nach aktiver Sterbehilfe verlangen dürfen – etwa psychisch Kranke.

Hier spielt natürlich auch die Erfahrung aus dem Dritten Reich eine große Rolle, wo Alte und Behinderte als „unwertes Leben", das nur Kosten verursacht, eingestuft und vernichtet wurden. Eine solche Entwicklung ist zwar nicht unbedingt absehbar. Auf gar keinen Fall ist sie von den Befürwortern aktiver Sterbehilfe gewollt, wenn sie das Recht auf einen würdigen Tod durch eine erlösende Spritze fordern. Doch ist zu bedenken, daß unsere Gesellschaft immer älter wird: Im Jahre 2010 wird ein Viertel der Bevölkerung über 60 Jahre alt sein – und damit auch entsprechende Kosten im Gesundheitswesen verursachen. Die Gefahr besteht, daß durch entsprechende Regelungen der Druck auf alte und kranke Menschen so zunehmen könnte, daß sie sich zur „Selbstentsorgung", wie es manchmal formuliert wird, entschließen. Man denke nur an Alte, die sich in ihrem Leben nie einem anderen zugemutet haben, sondern immer nur für andere da waren. Die dann irgendwann nicht mehr können, selbst gepflegt werden müssen und sich dabei „unnütz" fühlen, weil sie glauben, daß sie anderen nur noch zur Last fallen – und sich dann mit einer solchen real existierenden Möglichkeit, sich töten zu lassen, auseinandersetzen müßten. Vielleicht würden manche von ihnen auch den Druck von Angehörigen spüren, die selbst von der Pflege erschöpft und ausgelaugt sind – oder die eventuell auch nur an das bevorstehende Erbe denken könnten. (Wobei ein Mißbrauch von Regelungen natürlich immer möglich ist.)

Die Forderung nach aktiver Sterbehilfe geht oft von Menschen aus, die noch mitten im Leben stehen und Angst vor einem qualvollen Tod haben. Die Erfahrung lehre aber, so sagen viele Ärzte, daß ein Mensch, der weiß, daß er nur noch begrenzte Zeit zu leben hat, diese verbliebene Zeit ganz anders wahrnehme und genieße. Und wenn doch einmal der Wunsch eines Patienten nach einer erlösenden Spritze komme, sei das in den meisten Fällen ein Hilferuf. Denn viele Sterbende fühlen sich allein und verlassen. Zu viele leiden unter großen Schmerzen, die ihnen genommen werden könnten, wenn in Deutschland endlich Schmerztherapie nach den heutigen Möglichkeiten angewandt würde.

Nach Ansicht vieler Ärzte und vor allem auch der Hospiz-Bewegung sind mangelnde Fürsorge und fehlende Schmerzlinderung der Hauptgrund dafür, daß Sterbende nach aktiver Sterbehilfe verlangen. Diese Mißstände sollten doch erst mal behoben werden, bevor eine Möglichkeit eingeführt wird, die so weitreichende Konsequenzen haben kann. In Deutschland gibt es für Patienten und Ärzte darüber hinaus weitaus mehr Möglichkeiten für ein würdiges Sterben, als die meisten wissen, so daß das Leben nicht um jeden Preis künstlich verlängert werden muß.

### Indirekte Sterbehilfe

Im allgemeinen wird indirekte Sterbehilfe für straffrei gehalten. Im geltenden deutschen Recht ist es unstrittig, daß ein Arzt die Schmerzen Sterbender lindern darf, auch wenn dadurch unbeabsichtigt das Leben des Patienten verkürzt wird. Denn schwere, unerträgliche Schmerzen können die Persönlichkeit des Patienten zerstören und seine Würde verletzen. Der Patient hat einen Rechtsanspruch auf schmerzlindernde Behandlung, selbst wenn sie lebensverkürzende Nebenwirkungen hat. Ein Arzt darf in einem solchen Fall die Behandlung mit Schmerzmitteln nicht verweigern. Tut er es doch, setzt er sich sogar dem strafrechtlichen Vorwurf der Körperverletzung aus. Bislang liegen keine Fälle aus der Rechtsprechung zur indirekten Sterbehilfe vor. Kritisiert wird jedoch immer wieder, daß sich die indirekte oft nur schwer von der aktiven Sterbehilfe abgrenzen lasse.

In den Richtlinien der Bundesärztekammer steht hierzu: „Bei Patienten mit irreversibel verlaufenden Erkrankungen oder Verletzungen mit infauster (Anm.: aussichtsloser) Prognose kann, insbesondere im terminalen Stadium, die Linderung des Leidens so im Vordergrund stehen, daß eine daraus möglicherweise folgende Lebensverkürzung hingenommen werden darf. Dasselbe gilt für Neugeborene mit schweren, mit dem Leben nicht zu vereinbarenden Mißbildungen."

**Passive Sterbehilfe**

Rechtlich gesehen einfach ist die sogenannte einverständliche passive Sterbehilfe. Ein vom Arzt hinreichend aufgeklärter Patient, der bei vollem Bewußtsein ist, kann Behandlungen abbrechen oder auf weitere verzichten. Der Arzt ist dann an den Willen des Patienten gebunden. In einem solchen Fall könnte ein Patient auch verlangen, lebenserhaltende Maschinen abzustellen. Es läge dann keine aktive Sterbehilfe vor - auch wenn der Patient nach einer aktiven Handlung, dem Abstellen der Maschine, verlangt und stirbt. Sein Körper wird sich selbst und den Kräften, die er noch hat, überlassen. Der Mensch stirbt also, weil sein Körper nicht mehr kann und nicht, weil ein anderer seinem Leben ein Ende gesetzt hat.

In den ärztlichen Richtlinien heißt es hierzu: „Grundsätzlich setzt der Arzt bei der Behandlung von Kranken und Verletzten die Maßnahmen ein, die der Lebenserhaltung und/oder Leidensminderung dienen. Bei urteilsfähigen Patienten hat er dabei den Willen des angemessen aufgeklärten Patienten zu respektieren, auch wenn dieser Wille sich nicht mit den vom Arzt für geboten angesehenen Diagnose- und Therapiemaßnahmen deckt. Das gilt auch für die Beendigung schon eingeleiteter technischer Maßnahmen. Der Arzt soll Kranken, die eine notwendige Behandlung ablehnen, helfen, ihre Einstellung zu überwinden." Komplizierter wird es, wenn der Patient sich nicht mehr äußern kann, etwa weil er im Koma liegt. Auch dann ist passive Sterbehilfe möglich und eventuell geboten – nämlich dann, wenn sie dem mutmaßlichen Willen des Patienten entspricht. Dieser mutmaßliche Wille kann sich in sogenannten Patientenverfügungen ausdrücken, in denen der Patient festgelegt hat, welche Behandlungen er wünscht und welche unterbleiben sollen. Hierzu muß der Patient aber die Situation genau beschrieben haben, in die er aufgrund einer schweren Krankheit kommen kann. Der Arzt ist dann an eine solche Verfügung gebunden. Günstiger ist es aber, in einer Betreuungsverfügung einen rechtlichen Betreuer einzusetzen, der in entsprechenden Fällen für den bewußtlosen Patienten entscheidet. In diesen Fällen zählt das Selbstbestimmungsrecht des Patienten, nach dem sich der Arzt richten muß.

In den ärztlichen Richtlinien heißt es zwar: „Bei bewußtlosen oder sonst entscheidungsunfähigen Patienten sind die dem in der konkreten Situation ermittelten mutmaßlichen Willen des Kranken entsprechenden erforderlichen Behandlungsmaßnahmen durchzuführen. Bei Ermittlung des mutmaßlichen Willens sind frühere schriftliche Äußerungen oder Erklärungen gegenüber nahestehenden Personen lediglich ebenso Anhaltspunkte wie religiöse Einstellung, Schmerzen und Lebenserwartung. Hat der Patient zu einem früheren Zeitpunkt einen Dritten legitimiert, für ihn zu entscheiden, so muß der Arzt bei der Ermittlung des mutmaßlichen Willens den Dritten mit einbeziehen." Demnach läge die letzte Verantwortung für eine Entscheidung also beim Arzt.

Der *Bundesgerichtshof* hat aber in seinem Urteil vom 8. Mai 1991 folgendes festgestellt: „Kann der todkranke Patient nicht mehr selbst entscheiden und wird für ihn auch kein Pfleger bestellt, so ist sein mutmaßlicher Wille und nicht das Ermessen der behandelnden Ärzte rechtlicher Maßstab dafür, welche lebensverlängernden Eingriffe zulässig sind und wie lange sie fortgesetzt werden dürfen. Die Ausschöpfung intensivmedizinischer Technologie ist, wenn sie dem wirklichen oder anzunehmenden Patientenwillen widerspricht, rechtswidrig."

Im Klartext: Wenn es dem mutmaßlichen Willen eines Sterbenden entspricht, muß der Arzt nach deutschem Recht auch Maschinen abstellen.

Bis vor kurzem gab es zur passiven Sterbehilfe wenig Rechtsprechung. Doch im Jahr 1994 sorgte der folgende Fall für großes Aufsehen.

### Der Kemptener Sterbehilfeprozeß

Seit September 1990 lag die 72jährige Mutter eines Geschäftsmannes im Wachkoma (apallisches Syndrom). Völlig bewußtlos konnte sie nur noch künstlich über Magensonden ernährt werden. Täglich besuchte der Sohn seine Mutter, zweieinhalb Jahre lang. Im Februar 1993 äußerte der Arzt Zweifel, ob es sinnvoll sei, das Leben der Patientin zu verlängern. Er schlug vor, die künstliche Ernährung einzustellen und der Patientin nur noch Tee zum Trinken zu geben. Dadurch würde sie in zwei bis drei Wochen sterben, ohne zu leiden.

Der Sohn, der auch als rechtlicher Betreuer seiner Mutter eingesetzt war, schrieb ins ärztliche Verordnungsblatt: „Im Einvernehmen mit Dr. T. möchte ich, daß meine Mutter nur noch mit Tee ernährt wird, sobald die vorhandene Flaschennahrung zu Ende ist oder ab 15.03.93." Das Pflegepersonal hielt sich nicht an diese Anweisungen, weil es rechtliche Bedenken hatte. Das Vormundschaftsgericht ordnete an, die Mutter weiter künstlich zu ernähren. Sie starb schließlich im Dezember 1993 infolge eines Lungenödems.

Das *Kemptener Landgericht* verurteilte Sohn und Arzt im März 1994 zu Geldstrafen. Für das Gericht handelte es sich beim Vorgehen der beiden nämlich nicht um einen Fall passiver Sterbehilfe, sondern um „versuchten gemeinschaftlichen Totschlag in einem minder schweren Fall". Denn die künstliche Ernährung sei keine „lebensverlängernde", sondern nur eine „lebenserhaltende" Maßnahme und hätte deshalb unbedingt fortgeführt werden müssen, weil sie zu den Grundpflegebedürfnissen zählt. Die Richter beriefen sich dabei ausdrücklich auf die ärztlichen Richtlinien. Dort ist nämlich auch geregelt, daß nur bei Patienten, bei denen der Tod unmittelbar bevorsteht und auf keine Weise mehr abzuwenden ist, auf lebenserhaltende Therapien verzichtet werden darf.

Doch Apalliker liegen nicht im Sterben. Über Jahre hinweg können sie bewußtlos weiterleben, ohne Chance, wieder aufzuwachen. Die Öffentlichkeit und auch viele Ärzte waren empört über dieses Urteil.

In einer Revisionsverhandlung vor dem *Bundesgerichtshof* plädierte der Anwalt der Angeklagten auf Freispruch. Die Bundesrichter verwiesen das Verfahren jedoch zum Landgericht zur erneuten Verhandlung zurück – allerdings nicht, ohne vorher einige grundsätzliche Dinge geklärt zu haben. So heißt es im Urteil vom 13. September 1994: „Bei einem unheilbar erkrankten, nicht mehr entscheidungsfähigen Patienten kann der Abbruch einer ärztlichen Behandlung oder Maßnahme ausnahmsweise auch dann zulässig sein, wenn die Voraussetzungen der von der Bundesärztekammer verabschiedeten Richtlinien für die Sterbehilfe nicht vorliegen, weil der Sterbevorgang noch nicht eingesetzt hat. Entscheidend ist der mutmaßliche Wille des Kranken."

Der Sohn hatte seine Entscheidung auch getroffen, weil seine Mutter vor Jahren bei einer Fernsehsendung einen Pflegefall gesehen und dabei geäußert hatte, so wolle sie nicht enden. Dem Landgericht war eine solche Erinnerung zunächst zu vage, um daraus einen mutmaßlichen Willen abzuleiten. In seiner späteren Entscheidung im Mai 1995 sprach es aber beide Angeklagten frei.

Vor allem das Urteil des *Bundesgerichtshofes* sorgte aber für Aufsehen. Es bestätigte, was nach Auffassung vieler Juristen schon lange „herrschende Lehrmeinung" in Deutschland ist, nämlich daß bei aussichtslosen Fällen wie irreversibler Bewußtlosigkeit ein Behandlungsabbruch möglich ist. Auch viele Ärzte bestätigten, daß dieses Vorgehen schon längst Praxis ist – auch wenn die Bundesärztekammer protestierte, weil dieses Urteil es jetzt ermöglicht, Maschinen bei Patienten abzustellen, die nicht aktuell im Sterben liegen. Wichtig ist das Urteil vor allem auch deswegen, weil es festlegt, daß es beim Behandlungsabbruch, bei passiver Sterbehilfe tatsächlich auf den Willen des Patienten ankommt, der im Falle von Bewußtlosigkeit genau erkundet werden muß. Der Bundesgerichtshof hat damit das Recht auf „würdiges Sterben" in zweierlei Weise erweitert.

### Suizid und Beihilfe zur Selbsttötung

Im Grunde klingt es ganz einfach: Es ist nach deutschem Recht nicht verboten, sich selbst zu töten. Daher kann auch prinzipiell die Beihilfe hierzu nicht strafbar sein. Denn es wäre unlogisch, bestraft zu werden, weil man jemandem bei einer straffreien Handlung geholfen hat. Grundsätzlich heißt das also, wer die Selbsttötung eines anderen unterstützt oder an ihr teilnimmt, macht sich nicht strafbar.

Wichtig dabei ist, daß der, der sich töten will, die „Tatherrschaft" über sein Tun behält. Wenn jedoch der „Helfende" den Tod des anderen will und versucht, das zum Tode führende Geschehen zu beherrschen, so kann er unter Umständen nach § 216 „Tötung auf Verlangen" bestraft werden. Wenn der Suizidwillige die freie Entscheidung über sein Schicksal bis zuletzt behält, liegt dagegen nur straffreie Teilnahme an einer Selbsttötung vor.

Rechtlich schwierig wird es, sobald der sich Tötende bewußtlos wird. Denn in der Rechtslehre ist strittig, ob Anwesende nicht zur Hilfeleistung verpflichtet sind, wenn der Betreffende sein Bewußtsein verliert. Sie könnten dann wegen unterlassener Hilfeleistung angeklagt werden (nach § 323c StGB: „Wer bei Unglücksfällen oder gemeiner Gefahr oder Not nicht Hilfe leistet, obwohl dies erforderlich und ihm den Umständen nach zuzumuten, insbesondere ohne erhebliche eigene Gefahr und ohne Verletzung anderer wichtiger Pflichten möglich ist, wird mit Freiheitsstrafe bis zu einem Jahr oder mit Geldstrafe bestraft.") Mittlerweile tendiert die Rechtslehre dazu, einen „ernsthaften, freiverantwortlich gefaßten Selbsttötungsversuch" zu akzeptieren. Demnach soll in einem solchen Fall keine allgemeine Hilfspflicht bestehen.

Eine besondere Position haben allerdings Personen inne, die eine sogenannte „Garantenstellung" besitzen – behandelnde Ärzte oder nahe Angehörige des Sterbewilligen. Das bedeutet, daß sie in ganz besonderem Maße für das Leben des Patienten verantwortlich sind. Sie können sogar wegen Tötung durch Unterlassen straffällig werden (§ 13 StGB). Auch hier ist aber strittig, ob nicht der Wille des Patienten respektiert werden muß, wenn er sich freiverantwortlich zu einem solchen Schritt entschlossen hat.

Ein rechtlich sicherer, pragmatischer Weg wäre es, das Zimmer zu verlassen, sobald der Sterbewillige das todbringende Medikament eingenommen hat. Doch denjenigen bei einem solchen schweren Schritt alleine zu lassen, hätte dann auch nichts mehr mit menschenwürdigem Sterben zu tun. Rechtlich ist diese Situation noch nicht geklärt. Ein Präzedenzfall könnte eine solche Klärung herbeiführen.

Die *Richtlinien der Bundesärztekammer* zur Sterbebegleitung schreiben zur Beihilfe zur Selbsttötung nur kurz: „Die Mitwirkung des Arztes bei der Selbsttötung ist unärztlich."

# „Weil ich ihn lieb habe, habe ich ihm bei seinem letzten Schritt geholfen"

Walther G., 42 Jahre alt, ist Diplom-Verwaltungswirt. Sein Freund Markus, mit dem er vier Jahre lang zusammenlebte und der an AIDS erkrankt war, hat sich vor vier Jahren mit Medikamenten selbst getötet. Walther war dabei, als sein Freund starb. (Namen sind geändert)

Eines Tages ist Markus bei der Arbeit umgefallen. Im Krankenhaus hat man ihn geröntgt und einen Tumor im Gehirn festgestellt, der durch eine Operation entfernt wurde. Bei einer Gewebeuntersuchung entdeckte man eine Toxoplasmose. Und dann war auch schnell klar, daß er nicht nur mit HIV infiziert, sondern schon richtig an AIDS erkrankt war.

Dafür hatte es vorher keinerlei Anzeichen gegeben. Wir waren schon ein Jahr zusammen. Und auch ich mußte dann feststellen, daß ich HIV-positiv bin. Zwei Jahre lang ging es Markus gesundheitlich noch einigermaßen gut, er konnte noch arbeiten. Doch dann kamen immer häufiger Krankenhausaufenthalte. Er mußte seine Arbeit aufgeben und seinen Rentenantrag stellen. Und das mit 34 Jahren. Der Abstand der Krankenhausaufenthalte wurde immer kürzer.

Schon als es ihm noch recht gut ging, hat er mir zwei Versprechen abgenommen: Daß ich dafür sorge, daß er nicht gegen seinen Willen ins Krankenhaus eingeliefert wird. Und das andere – er wollte seinen Sterbeprozeß unter Umständen beschleunigen und bat mich, ihm dabei zu helfen und ihn nicht alleine zu lassen. Ich habe ihm das versprochen. Da ging es ihm noch recht gut. Natürlich hatte ich auch ein wenig Skrupel. Doch das Entscheidende war für mich sein Wille.

Oft wird es so dargestellt, als sei ein Suizid unbedingt eine Kurzschlußhandlung. Doch da kann auch ein langer Prozeß dahinterstehen wie bei Markus. Allein von dem Tag, an dem wir die Medikamente besorgt haben, bis zu dem Tag, an dem er gestorben ist, verging über ein Jahr.

Der Arzt und der Apotheker waren auch eingeweiht. Der Arzt betreut viele AIDS-Patienten und kennt daher auch deren Nöte. Markus hatte ihm seine Lage geschildert und der Arzt hatte bald eingewilligt, ihm ein Rezept auszuschreiben. Seine Bedingung war, daß er in der

**53**

Nähe war, wenn es passierte. Für den Fall, daß etwas schief ging. Und damit sichergestellt war, daß er auch den Totenschein ausfüllen konnte. Für Markus war es eine enorme Erleichterung zu wissen, daß er jetzt die Medikamente, mit denen er sich töten konnte, besaß. Das hat es ihm leichter gemacht weiterzuleben.

In seinem letzten Jahr wurde es immer schlimmer mit der Krankheit. Er hatte schließlich Kaposi-Karzinome in der Lunge, seine Muskeln wurden immer schwächer. Er mußte Medikamente gegen das Virus nehmen, die starke Nebenwirkungen hatten. Und dann fing er auch noch an zu erblinden. Das war für ihn das Schlimmste. Zunächst konnte er alles noch schemenhaft erkennen, dann in Schwarzweiß und schließlich hat er überhaupt nichts mehr gesehen. Diese fortschreitende Erblindung führte dazu, daß er nur noch zu Hause sitzen konnte. Gegen die Krankheit und was ansonsten damit verbunden war, konnte er ankämpfen. Doch das war ganz schlimm für ihn.

Auch gegen die Erblindung ist zunächst etwas unternommen worden. Er bekam eine Infusionstherapie und regelmäßige Spritzen in die Augen – etwas sicherlich ganz Unangenehmes. Für ihn war irgendwann klar, daß er das nicht mehr wollte.

Nach seinem letzten Krankenhausaufenthalt – etwa fünf Monate, bevor er starb – sagte er, daß er nicht mehr ins Krankenhaus wolle. Wenn das nächste Mal etwas passiere, dann solle ich ihn zu Hause pflegen und zu Hause sterben lassen. Das hing nicht direkt mit dem Krankenhaus zusammen. Unsere Erfahrungen dort waren sogar recht gut. Wenn er eine Chemotherapie hatte, wurde sie extra aufs Wochenende gelegt, daß ich die ganze Zeit da sein konnte.

Es war einfach seine Entscheidung, nicht mehr kämpfen zu wollen. Man hat ihm angemerkt, daß ihn alles von Mal zu Mal mehr mitgenommen hat. Die Krankenhausaufenthalte wurden immer länger, immer komplizierter. Es hat ihn zermürbt, daß die Abstände immer kürzer wurden. Daß immer neue Krankheitsbilder dazu kamen. Und daß einfach keine Hoffnung auf Heilung bestand. Wenn er entlassen wurde, hatte er zunächst immer ein Hochgefühl. Nach dem Motto: Das hast du wieder geschafft. Doch dann kam das nächste Tief schnell hinterher. Nach seinem letzten Aufenthalt im Krankenhaus hat er auch auf alle Medikamente gegen das Virus verzichtet. Doch die Hoffnung, daß man schnell stirbt, sobald man alle Medikamente abgesetzt hat, ist bei AIDS trügerisch. Zunächst ging es ihm besser, denn alle schädlichen Nebenwirkungen dieser Arzneien fielen erst mal weg. Der Körper hat sich entgiftet. Und außerdem hatte Markus ja einen jungen Körper mit einem starken Herzen. Das ist das Problem bei AIDS, auch wenn man sterben will und schon in einem fortgeschrittenen Stadium ist – es ist ein längeres Sterben. Zwei Monate lang passierte bei ihm erst mal gar nichts. Das war ganz schrecklich für ihn. Er schlief abends mit der Hoffnung ein, morgens nicht mehr aufzuwachen. Und jeden Morgen war er dann richtig verzweifelt. Dieser Wunsch, alles von sich gehen zu lassen, wurde von Tag zu Tag stärker.

Markus hatte zu diesem Zeitpunkt schon alles geregelt. Sein Nachlaß war geordnet, er hatte entschieden, wer was bekam. Auch seine Beerdigung hat er genau durchgeplant – bis hin zur Musikauswahl. Das hat er auch mit einem Pfarrer besprochen gehabt. Immer wieder hat er in seinen letzten Monaten Freunde abends nach Hause zum Essen eingeladen, ganz gezielt. Er hat sich von seinen Freunden verabschiedet – häufig ohne daß diese etwas merkten. Das war seine Art von Abschiednehmen.

Irgendwann sagten dann Pfleger vom Betreuungsprojekt zu mir, es wäre an der Zeit, daß ich ihn loslasse. Ich hatte gar nicht gemerkt, daß ich ihn ganz unbewußt noch gehalten habe. Er fühlte wohl immer noch eine Verantwortung für mich, er wollte mich nicht alleine lassen. Die Pfleger sagten mir, ich müsse ihm jetzt das Gefühl geben, daß er gehen kann. Sonst wäre es zu schwer für ihn.

Ich habe mich dann aus der aktiven Pflege mehr zurückgezogen, ihn aber bei seinen Sterbevorbereitungen unterstützt. Entscheidend war vielleicht auch, daß ich mich zu dieser Zeit um einen neuen Job beworben hatte. Drei Tage bevor er gestorben ist, bekam ich die Stellenzusage. Ganz leicht hätte ich das da ablehnen können. Ich hätte mir sagen können, in dieser Phase, in der mein Freund stirbt, kann ich das nicht annehmen. Doch ich habe zugesagt. Ich glaube, das war auch ein Signal für ihn, daß ich ihn losgelassen hatte. Im Nachhinein denke ich, es war für ihn auch der Punkt, wo er mich versorgt sah. Das war ganz wichtig für ihn.

Schon zehn, elf Tage bevor er starb, hatten wir die Infusionsflasche in der Wohnung, mit der es möglich war, die tödlichen Medikamente einzunehmen. Er ist aber auch immer wieder davor zurückgeschreckt. Mit dieser Flasche hatte er es selbst in der Hand zu entscheiden, ob er diese Infusionen einlaufen lassen wollte oder nicht. Es war klar, daß er das aktiv machen mußte. Er mußte nur einen Hebel umlegen - und dann lief nicht die normale Infusion in seinen Körper, sondern die, die ihn einschlafen ließ.

Wenn du aus nächster Nähe mitbekommst, wie jemand nur noch auf den Tod wartet und der für ihn eine Erlösung ist, dann hast du deswegen kein schlechtes Gewissen, ihm dabei zu helfen. Und du hast auch nicht mehr diesen Egoismus zu sagen: Der darf jetzt nicht sterben, weil ich noch da bin. Im Gegenteil. Weil ich ihn lieb habe, helfe ich dabei, diesen letzten Schritt zu schaffen. Und alle, die davon wußten, wußten auch, daß es hier eine rechtliche Grauzone gibt. Alles war so geregelt, daß es rechtlich okay war. Doch ganz sicher ist man sich da ja nie. Für uns war aber klar, daß sein Wille, den Zeitpunkt zu bestimmen, im Vordergrund stand. Da standen wir auch dazu. Und würden dafür auch die Verantwortung übernehmen.

Am Abend, als es soweit war, war irgendwie allen klar, daß es heute passierte. Die Leute vom Pflegedienst waren ja auch meist in der Wohnung. Sie waren ebenfalls eingeweiht. Man kann es nicht beschreiben, aber es war anders als sonst. Wir haben es dadurch gespürt, daß er beschloß, sich alleine zu waschen, obwohl er blind war. Dann hat er seinen Lieblingsschlafanzug angezogen und sich ins Bett gelegt. Ohne zu sagen, daß er jetzt schlafen ging. Er ging einfach in sein Zimmer – und wir wußten, daß wir jetzt nicht nachkommen sollten.

Dann hat er gerufen. Und als ich in sein Zimmer kam, habe ich sofort gesehen, daß der Hebel nicht nach links sondern nach rechts gedreht war. Da wußte ich, jetzt hat er sich entschieden. Es wurde auch nicht mehr darüber gesprochen. Sondern es war dann so, wie ich es ihm versprochen hatte. Ich habe mich zu ihm ins Bett gesetzt und seinen Kopf gehalten. Wir waren alleine, Pfleger und Arzt waren nebenan. Er ist bald eingeschlafen. Es war ein Prozeß von zweieinhalb, vielleicht drei Stunden. Kurz bevor er gestorben ist, ist er noch mal aufgewacht.

Vielleicht für eine Minute war er noch mal bei Bewußtsein. Es war jener berühmte „lichte Moment". Er hatte immer Angst gehabt, ich könnte nicht dabei sein, wenn er stirbt. Und jetzt hat er gesehen, daß ich da war. Das war für ihn wichtig. Zwei oder drei Minuten später ist er gestorben.

## Das Tabu Selbsttötung

Jährlich sterben etwa 10.000 bis 14.000 Menschen in Deutschland von eigener Hand. Die Zahl der Männer, die sich selbst töten, liegt etwa drei- bis viermal höher als die der Frauen. Männer bevorzugen meist aggressivere Formen der Selbsttötung – sie werfen sich vor Züge, erhängen oder erschießen sich. Frauen schlucken dagegen eher Pillen, um sich selbst umzubringen.

Viele Suizide kommen aber in der amtlichen Statistik nicht vor. Die Dunkelziffer ist groß. Denn eine Selbsttötung gilt als unnatürliche Todesursache. Auch wenn es nicht strafbar ist, sich selbst zu töten, müssen die Rechtsorgane daher überprüfen, ob ein Fremdverschulden vorliegt und gegebenenfalls eine Strafverfolgung einleiten. Um das zu umgehen, bescheinigen viele Ärzte einen natürlichen Tod.

Bei manchen Krankheiten – etwa bei AIDS oder bei Krebs – sind die Suizidraten besonders hoch. Nach Schätzungen unternimmt jeder zehnte HIV-Positive einen Selbsttötungsversuch. Andere Schätzungen gehen sogar noch von weit höheren Zahlen aus. Auch bei alten Menschen ist die Suizidrate überproportional hoch: Etwas mehr als 20 Prozent der Bevölkerung sind älter als 60 Jahre. Doch 37 Prozent aller Suizide fallen in diese Altersgruppe.

Oft sind Suizide so angelegt, daß eine Rettung möglich oder wahrscheinlich ist. Es werden zu wenig Tabletten geschluckt oder eine gefährliche Dosis wird kurz vor einem erwarteten Besuch eingenommen. In diesen Fällen muß man davon ausgehen, daß derjenige den Selbsttötungsversuch in der Hoffnung unternommen hat, entdeckt und gerettet zu werden. Solche Versuche sind ein Hilfeschrei nach mitmenschlichem Beistand und als verzweifeltes Auf-Sich-Aufmerksam-Machen zu werten. Andere Suizide geschehen aus einer aktuellen Depression heraus, aus der man keinen Ausweg sieht – vielleicht weil ein Patient eine ungünstige Diagnose erhalten hat. Viele Suizide in Krankenhäusern und Altersheimen sind wohl auch ein Zeichen für mangelnde Betreuung. Mit menschlicher Zuwendung und angemessenen Therapien (etwa zur Schmerzlinderung) kann vielen Schwerkranken wieder Mut gemacht werden, ihr Schicksal und ihre Krankheit anzunehmen und weiterzuleben. Die meisten dieser Selbsttötungen wären wohl zu verhindern, wenn es gelänge, den Kranken die Angst, die Schmerzen und das erdrückende Gefühl von Einsamkeit und Verzweiflung zu nehmen. Entdeckt man einen solchen Selbsttötungsversuch, ist jeder zur Hilfeleistung verpflichtet.

Was aber, wenn jemand nach sorgfältiger Überlegung beschließt, sein Leben – und auch sein Leiden – zu beenden? Oft haben sich solche Menschen lange auf diesen Schritt vorbereitet, haben ihre Hinterlassenschaft geordnet und begehen nach Abwägen all ihrer Möglichkeiten einen sogenannten „Bilanzsuizid" – oder, wie es Juristen ausdrücken, eine „freiverantwortliche Selbsttötung". Vielleicht berichten sie von ihrer Entscheidung, vielleicht bitten sie auch nahestehende Menschen, dabei zu sein, wenn sie ihr Leben beenden. Für den, an den eine solche Bitte gerichtet ist, stehen in dieser Situation nicht unbedingt juristische Fragen im Mittelpunkt. Kann man einen Menschen, der einen solchen festen Entschluß gefaßt hat, sich zu töten, davon abhalten? Muß man ihn unter allen Umständen dazu bringen, am Leben zu bleiben? Hat er eine Pflicht zu leben? Und wie verhält man sich selbst? Hilft man ihm bei Vorbereitungen? Begleitet man ihn in seinem letzten Augenblick oder läßt man ihn allein? Wo sind die eigenen Grenzen? Den Wunsch nach Selbsttötung so ohne weiteres ungefragt hinzunehmen, ohne Hilfe und Unterstützung zum Weiterleben anzubieten, kann auch nur zynisch sein. Doch letztlich bleibt unter Umständen nur diese Lösung: den Schritt des anderen zu akzeptieren, aus Respekt vor seiner Autonomie – auch wenn man diesen Schritt vielleicht selbst nicht verstehen mag und Fragen offen bleiben.

Zu bedenken ist auch, welche Bedeutung es für einen Kranken, Leidenden haben kann, die Möglichkeit zu besitzen, sich selbst zu töten. So ist von vielen HIV-Infizierten und AIDS-Kranken bekannt, daß sie tödliche Mengen an Medikamenten zu Hause gelagert haben. Ihnen hilft die Vorstellung, daß es immer diesen „Notausgang" für sie gibt, falls sie Schmerzen und Leiden beim Weiterleben nicht mehr ertragen. Dieses

Wissen um die letzte Möglichkeit entlastet und kann durchaus neue Kräfte zum Leben geben. Das bedeutet auf keinen Fall, daß sich diese Menschen auch wirklich selbst töten werden – die meisten sterben doch an den „natürlichen" Folgen der Erkrankung. Doch auf dem Weg dahin hilft ihnen diese Option. Langsam setzt bei der Beurteilung der Selbsttötung ein Umdenken ein – auch in den christlichen Kirchen. Lange verweigerten sie Selbstmördern ein Begräbnis in geweihter Erde. Das hat sich geändert. In einer gemeinsamen Erklärung des *Rates der Evangelischen Kirche in Deutschland* und der *Deutschen Bischofskonferenz* vom 30.11.89 heißt es zum Akt der Selbsttötung:

„In der Selbsttötung verneint der Mensch sich selbst. Vieles kann zu einem solchen letzten Schritt führen. Doch welche Gründe es auch sein mögen – keinem Menschen steht darüber ein Urteil zu. Die Beweggründe und die Entscheidungsmöglichkeiten eines anderen bleiben ebenso wie eventuelle Auswirkungen einer Krankheit im letzten unbekannt. Für den Christen bedeutet die Selbsttötung eines anderen Menschen eine enorme Herausforderung: Er kann diese Tat im letzten nicht verstehen und billigen – und kann dem, der so handelt, seinen Respekt doch nicht versagen. Eine Toleranz gegenüber dem anderen noch über das Verstehen seiner Tat hinaus ist dabei gefordert. Doch die Selbsttötung billigen und gutheißen kann der Mensch nicht, der begriffen hat, daß er nicht nur für sich selbst lebt. Jeder Selbsttötungsversuch kann für ihn nur ein ‚Unfall' und ein Hilfeschrei sein."

Noch betonen die evangelische und katholische Kirche also den Unfallcharakter einer Selbsttötung, wonach diese im Prinzip verhindert werden muß. Dem anderen bei seinem letzten Schritt beizustehen, ihm zu helfen, ist aus dieser Sicht heraus aber nicht möglich. Doch mittlerweile gehen manche Theologen weiter und stellen fest, wie etwa der evangelische Sozialethiker Georg-Hermann Dellbrügge, daß auch Bilanzsuizide nicht mehr geleugnet werden können.

Auch nach ursprünglicher Rechtsauffassung handelt es sich bei einem Suizid immer um einen Unglücksfall, bei dem Hilfe geleistet werden muß, sobald man ihn bemerkt. Doch immer mehr Juristen meinen, daß diese Hilfspflicht entfalle, sobald es sich erkennbar um einen freiverantwortlichen Suizid handelt. Unter ganz besonderen Umständen könne vielleicht sogar die Garantenpflicht der Ärzte aufgehoben sein. So ist etwa Klaus Kutzer, Richter am *Bundesgerichtshof*, der Ansicht: „Die Zumutbarkeit der Hilfeleistung kann allerdings, wie ich meine, bei ganz besonderen Ausnahmesituationen auch für Ärzte einmal entfallen, z.B. wenn es sich um einen freiverantwortlichen sogenannten Bilanzselbstmord eines schwer leidenden, dem Tode geweihten unheilbar Kranken handelt, der den Lebenswillen endgültig verloren hat." Bei allen anderen nicht-freiverantwortlichen Suiziden soll auch weiterhin die allgemeine Hilfspflicht bestehen. Bislang wurde diese Ansicht, die sich immer weiter verbreitet, allerdings noch nicht durch die Rechtsprechung bestätigt. Wie schon beschrieben ist die Beihilfe zur Selbsttötung weiterhin in einer rechtlichen Grauzone angesiedelt.

---

### Zusammenfassung der rechtlichen Lage

▪ Aktive Sterbehilfe ist in Deutschland prinzipiell verboten und laut Gesetz strafbar.

▪ Indirekte Sterbehilfe, die schmerzlindernde Behandlung mit möglicher lebensverkürzender Nebenwirkung, ist nicht nur erlaubt, sondern sogar ärztliche Pflicht. Die Schmerzlinderung (und damit der Schutz der Persönlichkeit des Patienten) steht im Vordergrund.

▪ Auch passive Sterbehilfe – das Abbrechen oder der Verzicht auf Behandlung – ist möglich, wenn der Patient dies wünscht. Dabei zählt auch der gut dokumentierte mutmaßliche Wille eines bewußtlosen Patienten in aussichtsloser Situation. Für den Arzt ist ein solcher Wille rechtlich bindend.

▪ Beihilfe zur Selbsttötung ist prinzipiell straffrei. Rechtliche Grauzonen gibt es bei der Frage, ob Anwesende das Delikt der unterlassenen Hilfeleistung begehen, sobald der sich Tötende bewußtlos wird. Besonders wichtig ist diese Frage für sogenannte „Garanten" (Ärzte, nahe Angehörige), die in besonderem Maße für das Leben des Patienten verantwortlich sind.

# Der Alternativentwurf eines Gesetzes über Sterbehilfe

Im Jahr 1986 stellte ein Arbeitskreis von Professoren des Strafrechts und der Medizin einen Gesetzentwurf vor, der die bestehenden Rechtsunsicherheiten auf dem Gebiet der Sterbehilfe beseitigen sollte. Dieser Vorschlag fand als Alternativentwurf eines Gesetzes über Sterbehilfe (oder kurz: AE-Sterbehilfe) weite Beachtung und formulierte die herrschende Lehrmeinung in Paragraphen. Das Strafgesetzbuch sollte demnach um folgende „Straftaten gegen das Leben" ergänzt werden:

---

### § 214 Abbruch oder Unterlassung lebenserhaltender Maßnahmen

(1) Wer lebenserhaltende Maßnahmen abbricht oder unterläßt, handelt nicht rechtswidrig, wenn

1. der Betroffene dies ausdrücklich und ernstlich verlangt oder

2. der Betroffene nach ärztlicher Erkenntnis das Bewußtsein unwiederbringlich verloren hat oder im Fall eines schwerstgeschädigten Neugeborenen niemals erlangen wird oder

3. der Betroffene nach ärztlicher Erkenntnis sonst zu einer Erklärung über Aufnahme oder Fortführung der Behandlung außerstande ist und aufgrund verläßlicher Anhaltspunkte anzunehmen ist, daß er im Hinblick auf Dauer und Verlauf seines aussichtslosen Leidenszustandes, insbesondere seinen nahe bevorstehenden Tod, diese Behandlung ablehnen würde, oder

4. bei nahe bevorstehendem Tod im Hinblick auf den Leidenszustand des Betroffenen und die Aussichtslosigkeit einer Heilbehandlung die Aufnahme oder Fortführung lebenserhaltender Maßnahmen nach ärztlicher Erkenntnis nicht mehr angezeigt ist.

(2) Abs. 1 gilt auch für den Fall, daß der Zustand des Betroffenen auf einem Selbsttötungsversuch beruht.

---

## § 214a Leidensmindernde Maßnahmen

Wer als Arzt oder mit ärztlicher Ermächtigung bei einem tödlich Kranken mit dessen ausdrücklichem oder mutmaßlichem Einverständnis Maßnahmen zur Linderung schwerer, anders nicht zu behebender Leidenszustände trifft, handelt nicht rechtswidrig, auch wenn dadurch als nicht vermeidbare Nebenwirkung der Eintritt des Todes beschleunigt wird.

## § 215 Nichthinderung einer Selbsttötung

(1) Wer es unterläßt, die Selbsttötung eines anderen zu hindern, handelt nicht rechtswidrig, wenn die Selbsttötung auf einer freiverantwortlichen, ausdrücklich erklärten oder aus den Umständen erkennbaren ernstlichen Entscheidung beruht.

(2) Von einer solchen Entscheidung darf insbesondere nicht ausgegangen werden, wenn der andere noch nicht 18 Jahre alt ist oder wenn seine freie Willensbestimmung entsprechend § 20, 21 StGB beeinträchtigt ist.

## § 216 Tötung auf Verlangen

(1) Ist jemand durch das ausdrückliche und ernstliche Verlangen des Getöteten zur Tötung bestimmt worden, so ist auf Freiheitsstrafe von sechs Monaten bis zu fünf Jahren zu erkennen (unverändert).

(2) Das Gericht kann unter den Voraussetzungen des Abs. 1 von Strafe absehen, wenn die Tötung der Beendigung eines schwersten, vom Betroffenen nicht mehr zu ertragenden Leidenszustandes dient, der nicht durch andere Maßnahmen behoben oder gelindert werden kann.

(3) Der Versuch ist strafbar (bisheriger Abs. 2).

Das bedeutet:
- Behandlungsabbruch und -verzicht sowie indirekte Sterbehilfe sind unter den erläuterten Voraussetzungen zulässig.

■ Es ist nicht strafbar, einem anderen bei der Selbsttötung zu helfen oder diese nicht zu verhindern, wenn derjenige aufgrund einer freiverantwortlichen Entscheidung in den Tod gehen will.

■ Aktive Sterbehilfe bleibt strafbar und verboten. Allerdings kann ein Gericht unter besonderen extremen Umständen von Strafe absehen. Im Gegensatz zur holländischen Regelung zur aktiven Sterbehilfe bezieht sich dieser Vorschlag nicht nur auf Ärzte, die auf Verlangen töten. Ausdrücklich wird in der Begründung zum *AE-Sterbehilfe* darauf hingewiesen, daß aktive Tötungshandlungen „nicht medizinisch indiziert sein (können), sondern nur aus mitmenschlicher Solidarität geleistet werden". Aus dieser Vorschrift läßt sich auch kein Recht auf einverständliche Tötung ableiten.

Den Verfassern dieses Entwurfs war es besonders wichtig, einem Patienten „Hilfe beim Sterben" zu ermöglichen – also unnötiges Leid zu ersparen und optimale ärztliche Versorgung mit bester Schmerzstillung zu sichern, ohne dabei sein Leben zu verkürzen. Erst wenn alle anderen Mittel versagt haben, soll eine Beschleunigung des Sterbens durch „Hilfe zum Sterben" in Betracht gezogen werden können. So soll dieser Entwurf dazu beitragen, das Leben des Patienten zu schützen, ohne ihn zu einem Leben um jeden Preis zu zwingen. Dabei hat auf alle Fälle der Grundsatz „in dubio pro vita" – „im Zweifel für das Leben" – zu gelten. Ausdrücklich betonen die Autoren in ihrem Kommentar, daß es nie um „unwertes" oder „nicht mehr lebenswertes" Leben gehe. Im Mittelpunkt steht das Selbstbestimmungsrecht des Patienten, das als bindend für den Arzt festgeschrieben ist. Der *AE-Sterbehilfe* will so Rechtsklarheit für beide Seiten – Patient und Arzt – schaffen.

## Brauchen wir eine spezielle gesetzliche Regelung?

Der *Deutsche Juristentag* hat den *AE-Sterbehilfe* im Jahr 1986 abgelehnt, weil die Mehrheit der anwesenden Juristen darin übereinstimmten, daß eine spezielle gesetzliche Regelung dieses Themenkomplexes nicht notwendig sei. Denn die Vorschläge des *AE-Sterbehilfe* entsprächen der herrschenden Lehrmeinung. Eine weitere Klärung offener

Fragen solle in Auslegung des geltenden Rechts geschehen. Der Juristentag empfahl aber, die Vorschläge des Entwurfs der Gerichtspraxis und ärztlichen Entscheidungen zugrunde zu legen. Ausnahme: Er empfahl die Änderung des § 216 „Tötung auf Verlangen", wie im Entwurf vorgesehen. Bislang hat eine gesetzliche Änderung nicht stattgefunden und ist auch nicht in Sicht. „Diese juristische Klärung würde für mich als Ärztin keine Änderung bedeuten", sagt Petra Muschawek-Kürten, Landärztin und Gründerin der Hospiz-Vereinigung Omega – Mit dem Sterben leben. Sie hat viele Schwerkranke und Sterbende betreut. „Ich kann jedem Patienten, zu dem ich eine gute Beziehung habe, versprechen, daß er nicht leiden muß." Am Lebensende stelle sich zwischen Arzt und Patient oft eine sehr intime Beziehung ein. „Dann ist es für mich eine Freundschaftsverpflichtung, sein Leiden zu mindern. Auch Ärzte in Holland gehen kaum anders vor. Es kann sogar sein, daß ich die gleiche Spritze gebe wie ein holländischer Arzt, und daß der Patient daraufhin stirbt. Nur mache ich das mit anderer Motivation: Um das Leiden des Patienten zu lindern und nicht, um sein Leben zu beenden. Das verlangt viel von der eigenen Persönlichkeit. Das sind intime Situationen, in denen man ganz bestimmt nicht an juristische Fragen denkt." Für sie ist der Unterschied zwischen Sterbenlassen und Töten ganz wichtig, auch wenn es nur ein schmaler Grat ist, der dazwischen liegt: „Zum Sterben verhelfe ich nicht. Dazu habe ich zu viel Respekt vor dem Leben."

Weitergehende rechtliche Regelungen – etwa wie in den Niederlanden – lehnt Frau Muschawek-Kürten entschieden ab. „In Deutschland sind wir oft so überakkurat und bürokratisch. Wenn aber solche Regelungen formuliert sind, kann jeder X-Beliebige sie auch nutzen. Davor habe ich Angst." Was sie ihren Patienten versprechen kann, ist im Einklang mit den rechtlichen Regelungen in Deutschland. „Jeder gute Arzt, der nicht nur Mediziner ist, begleitet auch in Deutschland Sterbende und läßt das Sterben zu", sagt sie. Auch wissen viele Patienten nicht genug über ihre Rechte. Etwa, daß das Abstellen von Maschinen auf ihren Wunsch hin möglich ist. Die Rechtsprechung der vergangenen Jahre hat die Bedeutung des Patientenwillens entscheidend gestärkt. Mit Patienten- und Betreuungsverfügungen läßt sich Vorsorge dafür treffen, daß man nicht einen langen, „unwürdigen" Tod an Schläuchen sterben muß.

# Sein Sterben selbst bestimmen

## Die Patientenverfügung –
## Zeugnis des mutmaßlichen Willens

Wenn ein Patient bei Bewußtsein ist, kann er dem Arzt mitteilen, welche Behandlung er wünscht und welche nicht. Das trifft natürlich auch für Patienten mit intensivmedizinischer Behandlung zu. Der Arzt ist an den Willen eines hinreichend aufgeklärten Patienten zwingend gebunden. Selbst dieses Selbstbestimmungsrecht ist vielen Patienten aber nicht bewußt. Doch sie müssen keine Behandlung über sich ergehen lassen, die sie nicht wünschen.

Schwieriger wird es, wenn der Patient das Bewußtsein verliert. Für solche Fälle kann man seinen Willen schriftlich dokumentieren und in einer sogenannten „Patientenverfügung" erläutern, welche Behandlungen man wünscht und welche unterbleiben sollen. (Diese Verfügungen werden oft auch „Patiententestament" oder „Patientenbrief" genannt.)

In welcher Form eine Patientenverfügung abgefaßt ist, ist zunächst einmal gleichgültig. Sie kann mit der Hand oder der Maschine geschrieben sein. Auch ein unterschriebener Vordruck oder ein ausgefülltes Formblatt, wie sie von verschiedenen Organisationen angeboten werden, sind möglich. Wichtig ist, daß die Verfügung handschriftlich mit Datum, Vor- und Familiennamen unterzeichnet ist. Unterschriften von Zeugen, die bestätigen, daß man zum Zeitpunkt der Unterzeichnung „geschäfts- und einwilligungsfähig" – sprich bei klarem Verstand – ist, sind von Vorteil. Für die Bindewirkung einer solchen Verfügung ist es förderlich, wenn sie in regelmäßigen Abständen von etwa einem Jahr immer wieder mit Datum und Unterschrift unterzeichnet wird. Dies bestätigt, daß das schriftlich Niedergelegte auch weiterhin der aktuelle Wille ist. Eine Beglaubigung durch einen Notar ist nicht unbedingt nötig, kann sich aber günstig auswirken.

Der Inhalt einer solchen Verfügung ist weitgehend freigestellt. So kann man etwa verfügen, unter welchen Umständen keine lebensverlängernden Maßnahmen mehr vorgenommen werden sollen, oder daß man sich die bestmögliche Schmerztherapie wünscht, auch wenn dadurch das Leben verkürzt wird. Natürlich hat die Verfügung ihre Grenzen dort, wo sie das geltende Recht überschreitet. Ein Patient kann also nicht verfügen, daß ein Arzt ihm aktive Sterbehilfe leisten soll. Prinzipiell ist die Bindewirkung einer Patientenverfügung um so größer, je genauer ein Patient mögliche Situationen beschrieben hat. Das ist gut möglich, wenn ein Patient an einer bestimmten Krankheit leidet und von daher weiß, was mit großer Wahrscheinlichkeit auf ihn zukommt. Schwieriger ist es, wenn solche Verfügungen ausgestellt werden, wenn ein Patient noch gesund ist und nicht absehbar ist, woran er einmal sterben könnte. In solchen Fällen können einige Leitsätze Anhaltspunkte dafür geben, wie dann zu verfahren ist. Außerdem kann man eine nahestehende Person als „Patientenanwalt" oder „Betreuer" einsetzen, die in einem solchen Fall für den Patienten die Entscheidungen trifft (siehe „Betreuungsverfügung"). Auch sollte man sich Gedanken gemacht haben, ob man als Organspender zur Verfügung stehen möchte. Wer „nicht an Maschinen angeschlossen" sterben möchte, wird nur in Ausnahmefällen Organspender sein können. Denn unter Umständen müssen potentielle Organspender – etwa nach einem Unfall – über Tage oder Wochen künstlich am Leben gehalten werden, bis sich ein geeigneter Empfänger findet.

Eine Patientenverfügung kann jederzeit widerrufen werden, nicht nur schriftlich oder mündlich. Wenn er nicht mehr sprechen kann, genügen schon Zeichen des Patienten, um seine Verfügung außer Kraft zu setzen.

Viele Ärzte kritisieren, daß solche Verfügungen oft unter dem Eindruck besonders tragischer Fälle aus dem Bekanntenkreis mit dem Argument verfaßt werden, so wolle man niemals enden. Oft würden vor allem Menschen, die noch mitten im Leben stehen, solche Verfügungen verfassen. Wenn es dann aber wirklich zu Ende gehe, so die Erfahrung vieler Ärzte, ändere sich das, denn dann hänge man doch am Leben. Ein Gesunder urteile eben oft anders als jemand, dessen Leben bedroht ist. Wie kann man dann aber den Wunsch von Bewußtlosen zu dem entsprechenden Zeitpunkt tatsächlich ermitteln?

Der Arzt muß natürlich entscheiden, welche Aussichten auf Erfolg eine Behandlung noch hat. Solange begründete Zweifel an der Aussichtslosigkeit der Lage bestehen, ist er als Garant der Lebenserhaltung zur Behandlung verpflichtet. Auch hier gilt wieder: Je genauer eine Verfügung formuliert ist, desto besser. Für den Arzt ist sie ein wichtiges Hilfsmittel bei der Erkundung des mutmaßlichen Willens des Patienten. Die Bedeutung dieser Patientenverfügungen hat in der vergangenen Zeit zugenommen. Gerade das Urteil des Bundesgerichtshofs beim Kemptener Sterbehilfeprozeß hat ihre Position als Zeugnis für den „mutmaßlichen Willen" eines Kranken gestärkt. Für den Arzt bedeutet das: Er muß sich an diesen mutmaßlichen Willen halten. Ansonsten begeht er nach gängiger Auffassung eine Körperverletzung, die strafrechtlich verfolgt werden kann. (Im Prinzip hat der Arzt in einem solchen Fall sogar keinen Anspruch auf Honorar.) Gleichzeitig schützt eine solche Verfügung den Arzt aber auch vor strafrechtlicher Verantwortlichkeit – etwa wegen unterlassener Hilfeleistung oder weil er Maschinen bei Sterbenden abgestellt hat. Er kann dann auf die Verfügung verweisen. Auf jeden Fall sind Ärzte aber verpflichtet, sich auch nach Einstellung lebensverlängernder Behandlungen weiter um die Grundversorgung des Patienten zu kümmern und Schmerzen zu lindern.

Patientenverfügungen sind vor allem dann von Bedeutung, wenn zwischen Arzt und Patient kein langandauerndes, persönliches Verhältnis besteht – also etwa in Krankenhäusern, wo auch durch den Schichtdienst der betreuende Arzt regelmäßig wechselt. Dann können sie dem Arzt helfen, dem Patienten und seinem Willen näher zu kommen.

Die Handhabung der Patientenverfügung bewegt sich in einer rechtlichen Grauzone und ist nicht eigens gesetzlich geregelt. Doch – wie beschrieben – haben Urteile des Bundesgerichtshofs die Bedeutung der Verfügung gestärkt. Die Erfahrungen verschiedener Organisationen, die solche Verfügungen anbieten, sind durchweg positiv. Bislang scheinen sich Ärzte im großen und ganzen an den verfügten Willen von Patienten zu halten. (Schwierig bleibt es dagegen, wenn ein Patient sterbend an Maschinen hängt, aber keine Verfügung geschrieben hat. So ist der *Internationalen Gesellschaft für Sterbensbegleitung und Lebensbeistand (IGSL)* ein Fall bekannt, bei dem eine 92jährige weiterhin ohne Bewußtsein an Maschinen angeschlossen bleibt, die sie am Leben erhalten. Ihre Tochter konnte bislang nicht erreichen, daß die Maschinen abgestellt werden, weil sie nicht belegen kann, daß dies der Wille ihrer Mutter ist.)

Viele Organisationen (so wie die der Hospiz-Bewegung angehörende *IGSL* oder der Verein *Omega – Mit dem Sterben leben*) bieten ausführliche Patientenverfügungen an. Von geringerer Bindewirkung sind dagegen Verfügungen, die mancherorts kostenlos verschickt werden, aus einem einzigen Formblatt bestehen und nur noch unterschrieben werden müssen. Besonders eindrucksvoll sind die Verfügungen, die der *Humanistische Verband Deutschlands (HVD)* erstellt. In ausführlichen Gesprächen mit den Interessenten wird hier eine ganz individuelle Verfügung erarbeitet, die Erfahrungen mit dem Sterben und die eigene Haltung zum Tod beschreibt und ganz persönlich regelt, welche Behandlungen man wünscht. Solche individuellen Verfügungen besitzen natürlich eine große Rechtswirkung.

Hat man eine Verfügung ausgefüllt, sollte man stets einen Notfallpaß bei sich tragen, in dem steht, wer im Falle eines Unfalls benachrichtigt werden soll und dann eventuell als Betreuer fungiert, und wo die Patientenverfügung hinterlegt ist. Bei vielen Organisationen, die Patientenverfügungen anbieten, kann man diese auch hinterlegen. Im Notfall kann der behandelnde Arzt sie von dort schnell abrufen. (In Dänemark beispielsweise ist das anders geregelt: Dort kann jeder Volljährige in einem staatlichen Register seine Verfügung hinterlegen.)

### *„Ich will nicht so sterben wie mein Mann!"*

Ursula H. ist 65 Jahre alt. Sie hat Fremdenverkehr studiert und lange in einem Reisebüro gearbeitet. Ihr Mann, mit dem sie 38 Jahre verheiratet war, ist vor einem Jahr im Krankenhaus gestorben. Kinder hatten die beiden nicht.

> Ich will nicht so sterben wie mein Mann. Er wurde 95 Tage auf einer Intensivstation zu Tode gequält. Am Schluß hatte er überall Löcher in der Haut, er bekam Blutstürze und Magenblutungen in dieser Zeit. All diese Dinge hat er auf der Intensivstation bekommen, vorher hatte er so etwas nie gehabt.
> Denn eigentlich kam er mit einem Beinbruch in die Klinik.
> Dort ging es ihm auch noch drei Tage lang einigermaßen gut. Am vierten Tag begann es – er bekam Schwierigkeiten mit der Luft. Er konnte sich nicht auf die Seite legen, denn er war ein großer Mann

und sehr schwer – 120 Kilogramm. Ich habe die Ärzte gebeten, ihn in eine andere Position zu bringen, damit er besser atmen kann. Vielleicht ging es nicht – auf jeden Fall bekam er diese Möglichkeit nicht. Am vierten Tag wurde er auf die Wachstation gebracht und künstlich beatmet. Hier kamen die Schwestern häufiger vorbei, um nach ihm zu schauen.

Am nächsten Morgen hieß es dann, er sei auf die Intensivstation verlegt worden, weil er noch schlechter Luft bekam. Ich bin sofort hingefahren und er hat sich sehr gefreut darüber. Er hatte immer diese Maske auf. Aber ich hatte den Eindruck, daß er etwas verwirrt war. Auch die Ärzte bestätigten das. Vielleicht hatte er einen Schock, meinten sie. Denn man hatte ihm gesagt, daß vielleicht sein Bein amputiert werden müsse. Das wäre für meinen Mann ganz furchtbar gewesen, so groß und schwer wie er war. Und wie hätten wir das in unserer Wohnung in der dritten Etage machen sollen?

Am nächsten Tag ging es ihm wieder etwas besser. Und die Ärzte machten mir Hoffnung, daß er über den Berg ist. Er war ja auch bei Bewußtsein.

Dann wurde ihm nach dem 21. Tag auf der Intensivstation die Gesichtsmaske entfernt. Sie rasierten seinen schönen Vollbart ab und er bekam einen Schnitt in den Hals, in die Luftröhre, durch den er dann beatmet wurde. Von da ab wurde er auch künstlich ernährt, denn mit diesem Schnitt konnte er nicht mehr eigenständig Nahrung zu sich nehmen. Mein Mann war Diabetiker. Durch die künstliche Ernährung aber stieg sein Zuckerspiegel ganz hoch. Deswegen bekam er auch viel Insulin gespritzt. Und das war dann wiederum schlecht für die Heilung seines Beines. Außerdem bekam er Tabletten oder Injektionen gegen Schmerzen. Wegen der künstlichen Beatmung durch sein Halsloch konnte er jetzt vierzehn Tage lang nicht sprechen. Und das war ganz schlimm für ihn.

Als Lehrer hatte er sein ganzes Leben lang den ganzen Tag über gesprochen. Und jetzt ging das nicht mehr. Das war furchtbar. Er konnte sich nicht mehr ausdrücken. Er lag nur noch da. Die Ärzte ermunterten ihn, Zeichen zu geben. Aber sein Zeichen war, daß er immer nur zur Decke geschaut hat. Er wollte sterben. Er hat nur noch nach oben geschaut. Auch die Ärzte glaubten, daß das sein Zeichen war, sterben zu wollen. Darüber habe ich mit ihnen auch gesprochen. Und sie haben mich immer wieder ermuntert, ihn zu besuchen. Meine Ausstrahlung tue ihm gut. „Ihr Mann freut sich, wenn Sie da sind." In der Zeit, als er nicht sprechen konnte, hat er mir immer ganz fest die Hand gedrückt, wenn ich bei ihm war.

Nach dem 50. Tag auf der Intensivstation habe ich der Oberärztin einen Brief geschrieben. Ich habe mich ganz herzlich für die Betreuung bedankt, denn die war wirklich gut. Es war immer jemand bei ihm, sie haben mit ihm geredet und alles. Doch ich habe ihr auch geschrieben, daß man einen Menschen in Würde sterben lassen soll, wenn er das will. Diesen Brief habe ich auch den Schwestern und dem ganzen Ärzteteam als offenen Brief gegeben. Danach waren alle sehr aufgeregt, weil auch das Pflegepersonal mit dem Tod nicht richtig umgehen konnte. Am nächsten Tag hat die Oberärztin mit mir gesprochen. „Wie haben Sie das gemeint?", fragte sie. Genau so, wie ich es geschrieben habe, war meine Antwort. Die Ärztin selbst hatte ja zu mir gesagt, daß er sterben möchte. Für mich selbst wäre es ganz furchtbar, wenn er stirbt, denn ich bleibe ja alleine und ohne Kinder zurück. Aber wenn er nicht gesund wird, das wäre furchtbar. Ich möchte nicht, daß er ein Pflegefall wird – und er auch nicht.

Bald darauf setzten sie ihm eine Art Membran ein, so daß er wieder sprechen konnte. Damit ging es ihm wieder ein bißchen besser. Doch eine Heilung war nicht in Sicht. In der Zwischenzeit hatte er sich seinen Po ganz wund gelegen. Er war so transformiert, daß ihm von anderen Körperstellen Haut und Fleisch dorthin transplantiert werden sollte. Zunächst legten sie ihn aber in ein anderes Bett aus Sand, in dem er ganz weich lag und das beheizt war. Das führte allerdings wiederum dazu, daß sich mein Mann nicht mehr bewegen konnte. Also kam regelmäßig eine Physiotherapeutin, machte Übungen und bewegte ihn.

Zwischendurch hat er sich aber auch mal alles, was an ihm dran hing an Schläuchen und Maschinen, abgerissen. Da wollte er nicht mehr. Irgendwann gegen Ende hat er mal mitbekommen, wie Ärzte oder Pfleger sagten, er sei „austherapiert" – ein schreckliches Wort. Uns haben sie aber nichts gesagt. Da wollte er, daß ich ihn hier rausholte. Sonntags bevor er starb, lag er in seinem Bett und es kullerten ihm

die Tränen. „Um mich herum – alle sterben sie", sagte er. „Aber weißt
du, sterben ist gar nicht so schlimm. Ich bin schon ein paarmal
gestorben. Aber jedes Mal haben mich die Ärzte wieder ausgewrun-
gen wie einen nassen Sack – und dann habe ich wieder geatmet."
Mehrfach wurde er also wiederbelebt. Ärzte und Pfleger können mit
dem Tod ganz schwer umgehen. Sie lassen einen Menschen nicht so
ohne weiteres sterben. Denn sie wollen ihn nicht „in der eigenen
Schicht aus dem Zimmer rausschieben müssen". Das habe ich auch
mal von Schwestern gehört. Montags wurde er wieder auf die Wachstation verlegt, auf meine Bitte hin. Damit ich öfter bei ihm sein
konnte als es auf der Intensivstation möglich war. Eine Krankenpfle-
gerin sagte an diesem Tag noch zu mir: „Das Bein wächst jetzt zu. Es
wird schon wieder." So was Dummes. Bloß nicht ans Sterben denken.
An diesem Abend bin ich spät gegangen und kam am nächsten Tag
mittags wieder. Es war kurz vor Weihnachten und wir haben Pläne
gemacht, wie wir es verbringen sollen. Denn er durfte ja nicht aus
dem Krankenhaus, das hatten die Ärzte verboten. Nachmittags bin
ich noch in die Stadt gefahren, um einen kleinen Baum für ihn zu
kaufen. Und abends habe ich noch mal angerufen.

Die Schwester am Telefon hat mir gleich den Arzt gegeben. Der sagte
mir, daß er meinen Mann gerade wiederbelebt habe. Und daß es ihm
sehr schlecht gehe und ich kommen soll.

Als ich dann ankam, war er schon seit zehn Minuten tot. Ich konnte
aber noch etwas bei ihm bleiben. Ich habe ihm die Augen geschlossen,
eine Kerze angezündet, ihn gestreichelt und ihm alles erzählt, was ich
jetzt mit ihm machen würde. Noch vor Weihnachten wurde er beer-
digt – und es war eine sehr würdige Beerdigung. Eine Zeitlang war
ich dann noch beschäftigt, mit dem Grab, dem Kreuz usw. Außerdem
habe ich um Sylvester herum der Oberärztin einen Brief geschrieben,
mich wieder darin bedankt. Doch auch, daß ich das Ende nicht verstanden habe. Warum sie ihn immer wieder mit aggressiven Mitteln
belebt haben und ihm letztlich damit überhaupt nicht geholfen
haben? Ich dachte, daß ich ein gutes Verhältnis zur Oberärztin hätte.
Denn wir haben oft miteinander gesprochen. Sie sagte, wenn ich Sorgen habe, solle ich mich an sie wenden. Doch auf diesen Brief hat sie
nie geantwortet.

Irgendwann habe ich gemerkt, daß ich mit der Trauer nicht klar komme. Bis ich eine Anzeige gelesen habe vom Humanistischen Verband, der Trauerbegleitung anbietet. Dort konnte ich nicht nur richtig über das, was geschehen war, reden. Sondern die Mitarbeiter dort haben mir auch von den Möglichkeiten einer Patienten- oder Vorsorgeverfügung erzählt. Und eine solche Verfügung habe ich dann auch geschrieben. Ich habe entschieden, daß ich das alles nicht will, was meinem Mann widerfahren ist, weil er hilflos war und ich zu dem Zeitpunkt nicht wußte, daß es so etwas gibt. Heute weiß ich: Hätte ich das damals schon gewußt, wäre es nicht so weit gekommen. Wir hätten auch damals schon den Behandlungsabbruch erzwingen können, aber wir haben es einfach nicht gewußt. Darüber komme ich bis heute nicht hinweg.

Für mich habe ich verfügt, daß ich keine lebensverlängernden Maßnahmen möchte, keine Blutübertragung, keine künstliche Ernährung, keine Apparatemedizin. Was ganz wichtig ist: Meine Freunde wissen das auch. Und ich habe einen Vertrauten eingesetzt, der das für mich durchsetzen will, wenn ich es nicht mehr kann. Ich weiß auch, daß ich das Festgelegte jederzeit widerrufen kann. Aber ich bin mir ganz sicher, daß ich das nicht tun werde.

Auch mit Ärzten habe ich darüber gesprochen. Man muß ja auch mal die andere Seite hören. Sie sagten mir, in schwierigen Fällen könne ein Behandlungsabbruch oder der Verzicht auf eine Wiederbelebung ganz schnell gegen den Arzt ausgelegt werden. Als sei das eine unterlassene Hilfeleistung gewesen. Wenn ich aber für mich eine solche Entscheidung getroffen und festgelegt habe, gebe ich dem Arzt auch ein Stück Sicherheit und befreie ihn aus seiner Verantwortung.

## Die Betreuungsverfügung

„Der Betreuer hat die Aufgabe, den Betreuten in dem ihm übertragenen Wirkungskreis zu vertreten. Er hat insoweit die Stellung eines gesetzlichen Vertreters. Von seiner Vertretungsbefugnis erfaßt werden aber nur die Handlungen des ihm zugewiesenen Aufgabenkreises. Falls der Patient dies wünscht, können mehrere Betreuer bestellt werden. Die Betreuungsverfügung (Willenserklärung) sollte schriftlich abgefaßt sein und einer Person/Personen des Vertrauens übergeben werden und/oder an einem sicher auffindbaren Ort selbst aufbewahrt werden. Die Verfügung wird im Betreuungsfall dem Vormundschaftsgericht übergeben, damit die Anordnungen berücksichtigt werden können. Der Betreuer erhält vom Gericht eine Urkunde über seine Bestellung, die als Ausweis für die Vertretungsmöglichkeit gilt. Die Betreuerbestellung wird vom Gericht nach fünf Jahren erneut überprüft." (Auszüge aus dem *Betreuungsgesetz*)

Seit dem 1.1.1992 gilt das neue *Betreuungsgesetz*. Demnach kann man schon in gesunden Tagen eine oder mehrere Personen des Vertrauens benennen, die für einen Entscheidungen fällen, sollte man selbst nicht mehr dazu in der Lage sein. In der Betreuungsverfügung lassen sich also nicht nur Fragen regeln, die mit Entscheidungen über lebensverlängernde Behandlungen zu tun haben. (Was sich alles mit einer solchen Verfügung festlegen läßt, erfährt man am besten über das zuständige Vormundschaftsgericht, das Kontakte zu Betreuungsvereinen oder anderen Informationsstellen vermitteln kann).

Den Betreuern können verschiedene Aufgaben übertragen werden. In der Verfügung läßt sich auch festlegen, ob man im Pflegefall lieber zu Hause oder in einem Pflegeheim versorgt werden will, oder welches Alten- oder Pflegeheim man bevorzugt. Vor allem stärkt das neue Betreuungsrecht aber die Willenserklärung von Patienten, die nicht mehr für sich selbst entscheiden können – etwa weil sie bewußtlos geworden sind. Betreuer kann man auch im Rahmen einer Patientenverfügung benennen.

Mit dem oder den ausgewählten Vertrauenspersonen, die man als Betreuer einsetzen möchte, sollte man sich vorher gründlich besprechen. Das können schwierige Gespräche werden, denn schließlich überträgt man seinem Betreuer die Verantwortung, in bestimmten Situatio-

**73**

nen darüber zu entscheiden, ob das eigene Leben weiter künstlich verlängert werden soll oder nicht. In der Verfügung kann man dem Betreuer einige Leitsätze mitgeben, nach denen er zu entscheiden hat. Hier liegt der große Vorteil im Vergleich zu einer Patientenverfügung, in der man keinen Betreuer einsetzt: Die Patientenverfügung kann nicht für alle Fälle genau vorsorgen, denn nicht alle medizinischen Möglichkeiten können vorher bedacht werden. Dem Betreuer kann man jedoch einen Entscheidungsspielraum mitgeben, in dem er je nach Situation entscheiden kann. Darüber hinaus ist es günstig, sich mit seinem Arzt (Hausarzt) abzusprechen, ihn über die gewählten Betreuer und über gewünschte medizinische Maßnahmen zu informieren. Die Betreuungsverfügung sollte möglichst von mehreren Zeugen unterschrieben werden.

Dem ausgewählten Betreuer sollte natürlich eine schriftlich abgefaßte Betreuungsverfügung übergeben werden. Wenn man nun aufgrund eines Unfalls, eines Schlaganfalls oder anderer Ursachen nicht mehr selbst entscheiden kann, geht der Betreuer mit der Verfügung zum zuständigen Vormundschaftsgericht. Dort läßt er sich bestätigen, daß er als rechtmäßiger Betreuer eingesetzt ist und kann nun die ihm übertragenen Entscheidungen fällen, wenn es darauf ankommt. Natürlich bespricht er sich dabei mit dem Arzt. Entscheidungen, die der Betreuer aufgrund der ihm übertragenen Vollmacht trifft, sind für den Arzt bindend. Im Konfliktfall muß allerdings das Vormundschaftsgericht entscheiden. Hat sich der Betreuer an die Verfügung gehalten, die den Willen des Patienten dokumentiert, besteht kein Grund, warum sich das Vormundschaftsgericht diesem Willen widersetzen sollte.

Mit den Instrumenten der Patienten- und Betreuungsverfügung hat man es natürlich nicht in der Hand, die genauen Umstände seines Todes zu regeln und zu bestimmen, denn das ist unmöglich. Doch lassen sich damit die Umstände bestimmen, unter denen man ein selbstbestimmtes und menschenwürdiges Sterben wünscht. Und das kann vielen die Angst davor nehmen, einmal lange quälend „an Maschinen und Schläuchen" dahinzusiechen. Außerdem ist man durch solche Verfügungen gezwungen, sich einmal mit dem eigenen Sterbenmüssen und der eigenen Endlichkeit zu beschäftigen.

## *„Ich habe entschieden, daß er zu Ende sterben darf"*

Vera A. (Name geändert), ist 53 Jahre alt. Sie war von ihrem Schwiegervater als rechtliche Betreuerin eingesetzt worden.

Der erste Schlaganfall war für meinen Schwiegervater ganz schlimm. Er war nie krank gewesen, hatte bis dahin kein einziges Mal im Krankenhaus gelegen. Damals war er immerhin schon 81 Jahre alt. Und dann auf einmal ganz hilflos und ausgeliefert zu sein, war für ihn das schlimmste Erlebnis in seinem ganzen Leben. Das hat er uns später gesagt. Zunächst konnte er ja nicht sprechen, nicht gehen. Schon damals wäre er am liebsten gestorben. Doch mit viel Mühe konnten ihn die Ärzte überreden, an sich zu arbeiten. Und das hat er schließlich auch getan. Er kam in eine Reha-Klinik und hat dort schnell Fortschritte gemacht. Nur ein Bein schleppte er ein bißchen hinter sich her. Dennoch war er sich sicher: So etwas wollte er nie mehr. Wenn wieder ein Schlaganfall käme, sollte gar nichts mehr gemacht werden. Denn so hilflos und unselbständig mochte er nie mehr in seinem Leben sein. Damals hat er eine Betreuungsverfügung geschrieben und mich, seine Schwiegertochter, als Betreuerin eingesetzt. Er wollte vermeiden, daß unnötig lebensverlängernde Maßnahmen durchgeführt werden, wenn es wieder so weit kommen sollte. Er wollte nicht, daß seine Frau diese Aufgabe übernimmt. Denn sie war schon nach dem ersten Schlaganfall so aufgewühlt und innerlich zerrissen, daß sie keine Entscheidungen hätte fällen können. Und auch seinen Sohn – meinen Mann – wollte er damit nicht beauftragen. Die beiden hatten kein so gutes Verhältnis zueinander. Für meinen Mann wäre eine Entscheidung daher äußerst schwierig gewesen. Und daher sollte ich seine Betreuerin sein, falls etwas passiert. Wir hatten auch schon lange ein gutes Verhältnis. Er war immer recht verschlossen und machte alles mit sich selbst aus. Wenn er aber mit jemandem über etwas sprach, dann mit mir. Alle wußten von dieser Betreuungsverfügung und waren damit einverstanden.

Zwei Jahre später hatte er seinen zweiten Schlaganfall. Ihn einfach sterben zu lassen, ging schon nicht mehr. Denn meine Schwiegermutter hatte völlig erschreckt und voller Angst natürlich schon Ärzte und

Notfalldienst verständigt. Er wurde wiederbelebt und ins Krankenhaus gebracht. Schließlich waren wir alle auch unsicher. Denn nach
seinem ersten Anfall war er wieder so gut genesen. Vielleicht wäre
das noch mal möglich, das konnten wir ja nicht wissen. Hätten wir
ihm diese Möglichkeit versagen sollen? In der Klinik hat man wirklich alles versucht, um ihn zurückzuholen und das wieder hinzube-
kommen. Weil er ohne Bewußtsein war, habe ich mich inzwischen
beim Vormundschaftsgericht auch offiziell als Betreuerin bestellen
lassen. Das ging mit der zuvor aufgesetzten Verfügung recht schnell
und problemlos. Ich bekam eine schriftliche Bestätigung – mit Stem-
pel und allem drum und dran.

Jeden Tag war ich in der Klinik, habe mit den Ärzten geredet. Meine
Schwiegermutter war wirklich so geschockt, daß sie kaum noch zu
klaren Gedanken fähig war. Sie hat mir dann alle Entscheidungen
überlassen. Irgendwann war klar, daß alle Bemühungen nichts fruch-
ten würden. Die Ärzte haben alles getan, was sie konnten. Nach drei
Wochen sagte mir ein Arzt, daß wohl nichts mehr zu machen sei. Mein
Schwiegervater würde wohl nicht mehr das Bewußtsein erlangen.
Und er müsse jetzt in ein Pflegeheim verlegt werden.

Im Krankenhaus wurde er schon die ganze Zeit über künstlich
ernährt. Er war sehr unruhig und arbeitete mit den Händen in der
Luft herum. Er hatte die Augen geöffnet. Doch er schien durch einen
hindurchzusehen. Wenn ich aber seine Hand nahm und mit ihm rede-
te, hatte ich den Eindruck, daß ihm die Ansprache gut tat. Er wurde
dann viel ruhiger.

Ich habe dann bald ein Pflegeheim für ihn gefunden, in dem er die
letzten fünf Wochen seines Lebens lag. Auch dort haben wir ihn regelmäßig besucht. Er wurde weiterhin künstlich ernährt, wurde regelmäßig gewendet, damit er sich nicht wund lag. Doch wie lange es
wohl noch dauern könnte, konnten natürlich auch die Pfleger nicht
sagen. Aber mein Eindruck war: Er wurde dort immer weniger.

Eines Tages bekam ich einen Anruf: Mein Schwiegervater habe Fie-
ber. Die Pfleger hatten schon einen Arzt gerufen, der ihm Medikamente gegeben hatte, um die aufziehende Lungenentzündung zu behandeln. Als ich das hörte, war ich sehr erschrocken darüber, daß man
ihm Medikamente zum Weiterleben gab. Denn ich sah für ihn endlich

die Möglichkeit, zu Ende zu sterben. Daraufhin bin ich zum behandelnden Arzt gefahren. Der hat mir alles, was er getan hat, genau erklärt. Ich habe ihn dann als Betreuerin meines Schwiegervaters gebeten, bei der nächsten drohenden Lungenentzündung oder einer anderen Krankheit keine lebensverlängernden Medikamente mehr zu verabreichen. Sondern nur schmerzstillende Arzneien und was sonst noch zur Versorgung des Körpers nötig war. Daraufhin fragte mich der Arzt, ob das denn auch im Sinne meines Schwiegervaters sei. Ich erzählte ihm von den Gesprächen mit ihm nach seinem ersten Schlaganfall. Daß er so nie habe leben wollen, wie er jetzt leben mußte. Der Arzt war schließlich damit einverstanden, keine lebensverlängernden, sondern nur noch fiebersenkende Medikamente zu verabreichen. Mein Schwiegervater hatte dann das Glück, sterben zu dürfen – zwei Tage nach diesem Gespräch.

Ich habe erst danach richtig begriffen, welche weitreichenden Entscheidungen ich treffen konnte durch diese Verfügung. Und wie sehr man dadurch in menschliches Leben eingreifen kann. Aber es war richtig gewesen, so und nicht anders zu entscheiden. Denn es war im Sinne meines Schwiegervaters gewesen.

# Die Hospiz-Bewegung

## Ein anderer Umgang mit dem Sterben? – Palliativmedizin

Der Mensch stirbt nicht, die Medizin hat versagt. So ähnlich empfinden viele Ärzte, vor allem in den Krankenhäusern, wenn sie einen Schwerkranken nicht mehr retten konnten. Dann haben sie den „Kampf gegen den Tod" verloren. Sterben gilt vielfach als Betriebsunfall, der vermieden werden könnte. „Hätte man die Diagnose doch früher gestellt."
Die Technik macht vieles so leicht. Durch moderne „Medizinmaschinen" haben sich die Grenzen zwischen Leben und Tod verwischt. Früher galt ganz eindeutig der Stillstand des Herzens als Zeitpunkt des Todes. Kurz darauf, fast zeitgleich, tritt als Folge von Sauerstoffmangel der Hirntod ein. Oder umgekehrt: Nach einer schwerwiegenden Hirnschädigung folgt bald der Herzstillstand. Heute kann das Herz mit Hilfe von Maschinen weiterschlagen, auch wenn das Gehirn, der Sitz des gesamten Erlebens, Empfindens und Denkens des Menschen, abgestorben ist. Der Körper von „Hirntoten" kann auf diese Weise noch lange am Leben erhalten werden. Wann also ist der Mensch wirklich tot? Und ab wann soll man ihn sterben lassen?
Es ist für Ärzte (und Angehörige) oft leichter, einfach weiterzubehandeln, als aufzuhören und lebensverlängernde Maßnahmen einzustellen. Denn auch wenn das Abstellen von Maschinen bei Bewußtlosen – passive Sterbehilfe also – rechtlich möglich ist, wird doch auch eine schwerwiegende Entscheidung getroffen. Aber erst die moderne Medizin hat eine solche Haltung begünstigt. Vieles scheint machbar zu sein, im Studium hören die angehenden Ärzte andauernd von neuen Methoden und Fortschritten. Das Sterben kommt aber auf dem Lehrplan kaum vor. Für den Arzt bedeutet der Tod eines Patienten daher leicht ein Eingeständnis seines „Versagens" – er hat den „Kampf" verloren. Und auch Ärzte haben Angst vor dem Sterben, oft sogar mehr als andere. Doch müssen sie lernen, die Diagnose auszuhalten: Dieser Mensch stirbt.

Langsam setzt ein Umdenken ein. Schwerstkranke und Sterbende werden nicht mehr „auf Teufel komm raus" mit „aggressiver Apparatemedizin" behandelt. (Dabei hat die so viel gescholtene Intensivmedizin durchaus große Verdienste aufzuweisen: Unzähligen Menschen konnte durch intensivmedizinische Behandlungen das Leben gerettet und noch viele erfüllte Lebensjahre geschenkt werden.) Allmählich dringt auch wieder ins Bewußtsein der Ärzte und der Öffentlichkeit, daß die ärztliche Kunst nicht jede Krankheit heilen kann, sondern daß auch die lindernde Pflege in aussichtslosen Fällen zur Aufgabe der Medizin gehört. Ein besonderer Zweig der Medizin, die palliative (lindernde) Medizin befaßt sich mit dieser Aufgabe.

Durch das Engagement der *Deutschen Krebshilfe* entstand im Jahr 1983 die erste deutsche Palliativstation an der *Chirurgischen Universitätsklinik in Köln*, mittlerweile sind weitere Stationen an anderen Krankenhäusern entstanden. Dort werden Patienten behandelt, deren Heilung nicht mehr möglich ist. Das Ziel der Behandlungen ist die bestmögliche Lebensqualität der Patienten. Im Vordergrund stehen medizinische Maßnahmen zur Schmerz- und Symptomkontrolle. Ihren Ursprung hat die Palliativmedizin in der modernen Hospiz-Bewegung, die sich der palliativen und ganzheitlichen Betreuung sterbender Menschen widmet. Manche, aber nicht alle Palliativstationen arbeiten nach diesem Ansatz, den die Hospiz-Bewegung vertritt.

## Das Sterben zulassen – Der Hospiz-Gedanke

„Hospize bejahen das Leben. Hospize machen es sich zur Aufgabe, Menschen in der letzten Phase einer unheilbaren Krankheit zu unterstützen und zu pflegen, damit sie in dieser Zeit so bewußt und zufrieden wie möglich leben können. – Hospize wollen den Tod weder beschleunigen noch hinauszögern. Hospize leben aus der Hoffnung und Überzeugung, daß sich Patienten und ihre Familien so weit geistig und spirituell auf den Tod vorbereiten können, daß sie bereit sind, ihn anzunehmen. Voraussetzung hierfür ist, daß eine angemessene Pflege gewährleistet ist und es gelingt, eine Gemeinschaft von Menschen zu bilden, die sich ihrer Bedürfnisse verständnisvoll annimmt." So definiert die *Nationale*

*Hospiz-Organisation der USA* den Begriff „Hospiz" und das Selbstverständnis der gesamten Hospiz-Bewegung.

Ihr wichtigstes Ziel ist es, dem Menschen wieder einen „eigenen", individuellen Tod zu ermöglichen – und nicht ein anonymes Sterben in Krankenhäusern und Intensivstationen. „Das Sterben zulassen" heißt also auch Verzicht auf Lebensverlängerung um jeden Preis. Nicht der „selbstbestimmte Tod", der Zeitpunkt des Sterbens, steht im Mittelpunkt der Bemühungen der Hospiz-Bewegung. Statt dessen soll es dem Sterbenden ermöglicht werden, seinen bevorstehenden Tod zu akzeptieren. Besonders wichtig ist dabei die schmerzlindernde (palliative) Therapie. „Die Hospiz-Bewegung ist das beste Mittel gegen aktive Sterbehilfe", sagen viele ihrer Anhänger. Denn wer schmerzfrei und fürsorglich betreut sterben kann, braucht keine Verkürzung seiner Leiden durch eine Giftspritze.

So soll der Sterbende sein Sterben als Prozeß annehmen, der zum Leben gehört – und mit Würde gelebt werden kann. „Das Sterben zulassen" bedeutet daher auch eine bewußte Auseinandersetzung mit dem Tod. Der verdrängte und abgeschobene Tod soll wieder aus Krankenhäusern und Altersheimen in die Gesellschaft zurückgeholt werden. Die Hospiz-Bewegung will versuchen, möglichst vielen Menschen ein Sterben in Würde in vertrauter, freundlicher Umgebung und dabei ein Leben bis zuletzt zu ermöglichen.

## Die Geschichte der Hospiz-Bewegung

Die Hospiz-Bewegung nahm ihren Anfang in England. Hier gründete im Jahr 1967 die Ärztin, Krankenschwester und Sozialarbeiterin Cicely Saunders das erste Hospiz in London, das *St. Christopher's Hospice*, das ganz auf die Wünsche und Bedürfnisse sterbender Menschen ausgerichtet war. Dieses Hospiz ist noch heute Vorbild für viele Initiativen in der ganzen Welt. Im Namen „Hospiz" drückt sich die christliche Tradition der Bewegung aus. Er erinnert an die Hospize des Mittelalters – Gasthäuser entlang wichtiger Straßen, in denen Pilger auf ihren Reisen ruhen und rasten konnten. Seither hat sich die Hospiz-Bewegung weltweit ausgebreitet: In den Vereinigten Staaten wurde mit Unterstützung der Sterbeforscherin Elisabeth Kübler-Ross 1974 das erste amerikanische Hospiz errichtet. Weltweit gibt es heute schätzungsweise mehr als 2.000 Hospize.

In Deutschland faßte die Hospiz-Bewegung erst recht spät Fuß – zunächst wurden Hospize mit dem Etikett „Sterbeklinik" abgetan. So lehnte die *Bundesregierung* 1979 den Bau „spezieller Pflegeeinrichtungen für Sterbende" als „inhuman" ab. Auch die Kirchen standen den Hospizen lange ablehnend gegenüber. So hieß es etwa in einer Stellungnahme des katholischen Büros Bonn aus dem Jahr 1978: „Zusammenfassend möchten wir die von Ihnen gestellte Frage dahingehend beantworten, daß wir die Einrichtung besonderer Sterbekliniken oder Sterbeheime ablehnen, weil solche Einrichtungen aus vielerlei Gründen das Sterben nicht menschenwürdiger, sondern unmenschlicher machen." So befürchtete man damals sogar, daß solche „Sterbekliniken" in der öffentlichen Diskussion als ein Schritt hin zur aktiven Euthanasie gedeutet werden könnten.

Doch zum Glück hat sich die Beurteilung der Hospize in Deutschland seither geändert. Im Jahr 1985 gründete sich die erste überregionale Hospiz-Organisation *Omega – Mit dem Sterben leben*, ein Jahr später die ebenfalls überregional agierende *Internationale Gesellschaft für Sterbebegleitung und Lebensbeistand (IGSL)*. Das erste stationäre Hospiz in Deutschland entstand 1986 in Aachen. Doch der richtige „Boom" der Hospiz-Initiativen begann in den neunziger Jahren. Mittlerweile gibt es über 400 Hospiz-Initiativen in ganz Deutschland, darunter mehr als zwanzig stationäre Hospize. (Hinzu kommen noch etwa 15 Palliativstationen, etwa an Krankenhäusern, die zumindest manchen Bereichen ihrer Arbeit die Hospiz-Idee zugrunde legen.)

Die Hospiz-Bewegung ist eine „Bewegung von unten", die von kirchlichen und nichtkirchlichen Initiativen mit im einzelnen unterschiedlichen Vorstellungen getragen und nicht durch offizielle Stellen ausgelöst wurde. Vielerorts hatten diese Gruppen mit großen Widerständen zu kämpfen. Ohne die Mitwirkung vieler ehrenamtlicher Helfer ist die Arbeit der Hospiz-Gruppen nicht vorstellbar. Die Hospiz-Bewegung ist ein Zeichen für gelebte Solidarität und bürgerschaftliches Engagement in einer Gesellschaft, die immer mehr vereinzelt. Nun erhalten diese Initiativen auch zunehmend kirchliche und staatliche Unterstützung.

# Das Konzept der Hospiz-Bewegung

Die Wünsche, Bedürfnisse und Ängste Sterbender – und auch ihrer Angehöriger – stehen im Mittelpunkt der Bemühungen der Hospiz-Bewegung:

- Sterbende sollen nicht alleine sterben müssen, sondern umgeben von vertrauten Menschen in vertrauter Umgebung.
- In der letzten Zeit ihres Lebens sollen Sterbende nicht unnötig von Schmerzen oder anderen körperlichen Leiden beeinträchtigt oder gequält werden. Eine geeignete Schmerztherapie kann viele dieser Leiden nehmen.
- So sollen Sterbende auch Zeit finden, sich mit dem eigenen Sterbenmüssen auseinanderzusetzen. Sie können „letzte Dinge" oder – wie Elisabeth Kübler-Ross es nennt – „unerledigte Geschäfte" regeln (etwa ein Testament verfassen, die Beerdigung planen, sich mit Angehörigen aussöhnen und von ihnen verabschieden).
- Außerdem will die Hospiz-Bewegung auch Ansprechpartner für Fragen nach dem Sinn sein, die viele Sterbende beschäftigen: Warum gerade ich? Warum jetzt? Was kommt?

Diese Aufgaben sollen von einem interdisziplinären Team von Fachleuten (Ärzte, Pfleger, Sozialarbeiter, Seelsorger u.a.) geleistet werden. Damit eine Betreuung auch rund um die Uhr erfolgen kann, arbeiten viele freiwillige, ehrenamtliche Helfer mit. Sie können für den Sterbenden Ansprechpartner in der Sterbebegleitung sein oder auch den Angehörigen beistehen. (So kann es für Familien oft schon eine große Hilfe bedeuten, wenn andere Einkäufe übernehmen.) Die Arbeit eines Hospiz-Dienstes endet nicht unbedingt mit dem Tod eines Patienten – auch die Angehörigen werden in ihrer Trauer danach begleitet.

### Deutschland – Entwicklungsland in der Schmerztherapie

Die Angst vor Schmerzen gehört zu den größten Ängsten von Sterbenden – gerade bei Krebs- und AIDS-Patienten. Doch noch immer sterben in Deutschland viele Menschen mit völlig unzureichender Schmerzbekämpfung, obwohl schon seit vielen Jahren wirkungsvolle Therapien mit Morphinen als Schmerzmittel bekannt sind. Über 90 Prozent aller Schwerkranken und Sterbenden könnten mit einfachen Mitteln schmerzfrei sein. Aber auch bei den anderen ließe sich der quälende Schmerz mit aufwendigeren Methoden zumindest lindern, wenn nicht gar abstellen. Die Schmerzbekämpfung ist daher ein besonderes Anliegen der Hospiz-Bewegung.

Doch auf diesem Gebiet ist Deutschland noch eines der Schlußlichter in Europa: In Dänemark wurde im Jahr 1993 fast neunmal, in England immerhin mehr als fünfmal so viel Morphium pro Kopf der Bevölkerung verschrieben wie hierzulande. „Auf dem Gebiet der Schmerztherapie ist Deutschland immer noch ein Entwicklungsland", sagt Michael Zenz, der Direktor des Bereichs Schmerztherapie an der *Universitäts-Klinik Bochum*. Nach einer Untersuchung, die Zenz im April 1995 veröffentlichte, erhielten nur knapp zwei Prozent von über 16.000 Krebspatienten im Laufe ihrer Erkrankung Morphiumpräparate zur Schmerzbekämpfung, nur etwa 0,6 Prozent länger als drei Wochen. (Nicht nur Sterbenden könnten diese Medikamente die Schmerzen nehmen, sondern auch vielen Krebskranken, die sich in einer Behandlung befinden. Nach erfolgreicher Behandlung können sie ohne weiteres wieder abgesetzt werden.)

Doch Morphine werden in Deutschland immer noch zu niedrig dosiert, zu spät und zu selten eingesetzt. Hartnäckig hält sich das Vorurteil, der Gebrauch von Morphinen werde auf alle Fälle süchtig machen. Ganz abgesehen davon, daß diese Befürchtung einfach seltsam erscheint, wenn es darum geht, einen Sterbenden schmerzfrei zu halten, stimmt diese Aussage nicht. Bei richtiger Anwendung besteht keine Gefahr, daß ein Patient süchtig werden könnte.

Denn anders als bei Drogenabhängigen, die sich ihren „Stoff" spritzen und dabei einen Rausch bekommen, werden Morphine meist in flüssiger Form oder als Retard-Tabletten, die den Wirkstoff nur langsam abgeben, verabreicht. Der Patient trinkt oder schluckt seine Medikamente. Dadurch wird der Wirkstoff langsam vom Körper aufgenommen, die Wirkung des Morphins tritt sanft ein.

Besonders wichtig für eine erfolgreiche Schmerzbekämpfung ist, daß Morphine nicht erst bei Bedarf gegeben werden, wenn ein Patient akute Schmerzen hat. Es sollte immer ein etwa gleich hoher Spiegel an Morphinen im Körper des Patienten vorhanden sein, so daß Schmerzen erst gar nicht mehr auftreten können. Damit die Schmerzen optimal bekämpft werden können, muß jeder Patient individuell eingestellt werden. Zu Beginn dieser Behandlung ist es normal, daß er müde wird. Doch das wird nur ein paar Tage anhalten. (Oft konnten Patienten wegen ihrer Schmerzen lange nicht richtig schlafen. Diese anhaltende Müdigkeit der ersten Tage ist meist nur ein Aufholen des verpaßten Schlafs.) Das Bewußtsein wird durch eine Morphinbehandlung nicht getrübt – diese Angst besteht bei vielen Morphin-Patienten. Nachdem sie richtig eingestellt sind, sind sie auch geistig völlig klar und keineswegs „benebelt". Auch ansonsten hat Morphium wenig Nebenwirkungen. Anfangs können vielleicht Verstopfungen auftreten, doch mit einem gleichzeitig verabreichten Abführmittel bekommt man das leicht in den Griff. Auch gegen Übelkeit zu Beginn der Behandlung gibt es geeignete Medikamente.

Viele Ärzte scheuen aber noch immer die Morphium-Therapie – etwa weil sie nicht die modernen Methoden der Schmerzbekämpfung kennen oder beherrschen. Anderen ist der eigene Aufwand zu groß: Denn noch immer fallen die Morphin-Präparate unter die Betäubungsmittel-Verschreibungsverordnung und müssen auf besonderen Rezepten in dreifacher Ausfertigung verschrieben werden. Seit einer Lockerung der gesetzlichen Vorschriften im Jahr 1993 können schwerstkranken Menschen aber auch größere Mengen Morphine verschrieben werden, so daß für sie sogar ein mehrwöchiger Urlaub möglich geworden ist.

Auch wenn viele Ärzte mit den Möglichkeiten moderner Schmerztherapie nicht vertraut sind – Schwerkranke und Sterbende haben ein Recht auf angemessene Behandlung ihrer Schmerzen. (In Extremfällen können Mediziner, die solche Behandlungen verweigern oder unsachgemäß durchführen, sogar wegen Körperverletzung angeklagt werden.) Es empfiehlt sich daher, sich rechtzeitig um einen Arzt zu kümmern, der diese Methoden beherrscht und anwendet.

Bei der Schmerzbekämpfung hat sich die Hospiz-Bewegung besondere Kenntnisse und Verdienste erworben. Denn schwerste Schmerzen, die als unerträglich empfunden werden, verletzen die Würde von Kranken und Sterbenden. Wer unter starken körperlichen Schmerzen leidet, ist so mit sich und seinem Körper beschäftigt, daß er sich kaum auf anderes einlassen kann. Eine gute körperliche Schmerztherapie ist daher Voraussetzung dafür, sich mit dem eigenen Sterben auseinandersetzen zu können und mit anderen in Kommunikation zu treten.

### Einfach da sein – Sterbebegleitung

Die Sterbebegleitung – ein wesentlicher Gedanke der Hospiz-Bewegung – ist „im Prinzip nichts Besonderes". Sterbebegleitung (oder Sterbebeistand) bedeutet, für einen Sterbenden da zu sein, ihn medizinisch und pflegerisch zu betreuen, Ansprechpartner für seine Ängste, Probleme und Gedanken zu sein. Und doch ist diese mitmenschliche Fürsorge etwa im modernen Krankenhausbetrieb selten geworden – vielleicht derzeit auch schwer zu realisieren.

„Sterbebegleiter" im Sinne der Hospiz-Bewegung sind eigentlich alle, die mit einem Sterbenden zu tun haben können: Angehörige, Arzt, Pfleger, Seelsorger, Sozialarbeiter, vielleicht auch ehrenamtliche Helfer einer Hospiz-Initiative. Sie versuchen, sowohl die körperlichen Bedürfnisse der Patienten als auch die Bedürfnisse nach Sicherheit, Liebe, Respekt und Autonomie zu befriedigen. „Im Prinzip nichts Besonderes" – heißt aber auch, daß es für die Helfer dennoch schwierig werden kann. Sie kommen in existentielle Grenzsituationen, werden selbst immer wieder mit dem eigenen Sterbenmüssen konfrontiert. Wer sich nicht schon mit Sterben und Tod auseinandergesetzt hat, sollte nicht ohne weiteres als Hospiz-Helfer einen Sterbenden begleiten. Viele Hospiz-Initiativen bieten daher für ihre professionellen und ehrenamtlichen Helfer spezielle Schulungen oder Seminare an, die sie für die Aufgaben und Anforderungen bei der Betreuung Sterbender vorbereiten sollen.

Für die Helfer ist es wichtig, immer wieder auch ihre eigenen Grenzen zu erkennen – und sie gegebenenfalls auch dem Sterbenden gegenüber klar zu machen. Dabei sollen sie „authentisch" bleiben, dem Sterbenden nichts vormachen. Denn gerade Sterbende sind häufig so sensibilisiert, daß sie merken, wenn jemand nicht „echt" ist. Sterbende sind auch „nur" Menschen – und können als solche behandelt werden.

Für den Sterbebegleiter ist es wichtig, von eigenen Vorstellungen und Ambitionen loszukommen, die er vielleicht in Bezug auf das Sterben des anderen hat. Was der Sterbende will, ist wichtig. Das bedeutet natürlich nicht, daß man für ihn Probleme lösen soll. Besser ist es, den Sterbenden so zu unterstützen, daß er die für sein Leben wichtigen Entscheidungen selbst treffen kann. Das Problem der Abhängigkeit von den Begleitern ist groß – gerne werden Entscheidungen abgeschoben.

Bei einer solchen Sterbebegleitung können sehr intime Momente möglich sein, Augenblicke, die auch das Leben der Begleiter bereichern können. Viele erzählen, daß ihnen die Sterbebegleitung die Angst vor dem eigenen Sterben genommen oder zumindest die Einstellung hierzu positiv verändert hat. Auch der Begleiter muß sich nach dem Tod des Patienten seiner Trauer stellen, damit er nicht irgendwann „ausgebrannt" ist. Sterbebegleitung verlangt also von den Begleitern (oder Mitarbeitern im Hospiz) viel – auch wenn es im Prinzip „nur" bedeutet, für den Sterbenden da zu sein.

## „Beim Sterben eine friedliche Atmosphäre zu schaffen, ist mein Ziel"

Josef H., 26 Jahre alt, hat vor zwei Jahren seinen krebskranken Vater beim Sterben begleitet. Als Medizinstudent kennt er das Sterben in Krankenhäusern und auf Intensivstationen. Zusammen mit seiner Frau arbeitet er in einer privaten Pflegeinitiative für AIDS-Kranke.

An einem Sonntagmorgen war es dann soweit – mein Vater lag im Sterben. Er würde ersticken. Das wußte ich – und er wußte es auch. Einige Zeit zuvor hatte ich ihm von einem AIDS-Kranken erzählt, bei dem ich dabei war, als er erstickte. So waren wir beide irgendwie darauf vorbereitet. Ich blieb ganz gelassen, denn ich kannte ja schon die ganze medizinische und körperliche Seite. Ich wußte, was passieren würde. Deshalb habe ich auch nicht den Notarzt gerufen. Denn dann hätte mein Vater innerhalb von zehn Minuten auf der Intensivstation gelegen. Dort wäre ihm die Flüssigkeit aus der Lunge abgesaugt worden – und er hätte vielleicht ein paar Stunden länger gelebt. Das wäre aber nicht würdevoll gewesen.

Doch meine Mutter und meine Brüder kamen mit der Situation nicht klar. Sie waren ganz hilflos und sind dauernd im Zimmer auf und ab gerannt. Um sie zu beruhigen und ihnen das Gefühl zu geben, daß etwas geschieht, habe ich einen Krankentransport bestellt. Normalerweise kommt der nicht so schnell – und darauf hatte ich gesetzt. Leider kam er aber fünf Minuten zu früh. Ich mußte den Sanitäter davon abhalten, meinen Vater künstlich zu beatmen. So starb er dann im Krankenwagen – er ist in meinen Armen erstickt. Das auszuhalten war schon heftig. Das ist eine der wichtigsten Erfahrungen in meinem Leben. Nachdem er gestorben war, konnte er aber noch den ganzen Tag über bei uns im Haus bleiben. Und wir nahmen alle Abschied von ihm. Ich war teilweise richtig wütend darüber, daß er gestorben war. Denn endlich waren wir Freunde geworden – und jetzt ging er einfach.

Viele Jahre lang hatten wir große Schwierigkeiten miteinander. Er hatte andere Vorstellungen von meinem Leben als ich. Er konnte es einfach nicht akzeptieren, wie ich gelebt habe. Und ich war immer hin- und hergerissen zwischen dem, was ich wollte, und dem Wunsch, ihm zu gefallen und von ihm angenommen zu werden. Das hat sich einfach nicht vereinbaren lassen. Doch zum Glück bin ich bei meinem Weg geblieben. Diese Auseinandersetzung zog sich über viele Jahre hin. Es ging sogar so weit, daß er den Ärger mit mir dafür verantwortlich machte, daß er Krebs bekam.

Ein halbes Jahr, bevor er starb, lag er wieder auf der Intensivstation. Wir hatten mal wieder lange keinen Kontakt miteinander gehabt. Doch als ich davon hörte, habe ich ihn besucht. Und er ist in Tränen ausgebrochen und hat gesagt, er sei so froh, daß ich gekommen bin. Darauf habe er so gewartet. Und daß er stolz auf mich sei, weil ich als einziger in der Familie das durchziehe, was ich mir vornehme. Ich wußte erst gar nicht, was ich mit diesem Gefühlsausbruch anfangen sollte. Denn ich hatte schon manche schmerzhafte Erfahrung mit ihm gemacht. Doch dann begann wirklich unsere Annäherung und eine offene Auseinandersetzung. Wir sind zusammengewachsen und Freunde geworden. Endlich konnten wir über alles reden.

Das ist überhaupt meine Erfahrung mit Sterbenden. Man muß sie wie ganz normale Menschen behandeln und nicht wie jemanden, den man vor allem behüten muß. Man muß sie auch fordern. Das bedeutet auch, daß man Konflikte aussprechen und austragen muß. Das kann durchaus lautstark vor sich gehen. Und da können auch richtig die Fetzen fliegen. Aber das ist ganz wichtig. Elisabeth Kübler-Ross nennt das, „unerledigte Geschäfte zu erledigen". Und das habe ich getan.

Denn ich habe vorher noch so schöne Zeiten mit meinem Vater verbracht. Noch zwei Wochen, bevor er gestorben ist, sind wir zusammen nach Madeira geflogen. Das war für mich eine ganz einschneidende Erfahrung. Alle haben gesagt: Jetzt spinnen sie ganz. Aber ich hatte vorher offen mit ihm geredet. Ich habe gesagt: Ich mache das mit – auch gegen allen ärztlichen Rat. Das Schlimmste was passieren kann, ist, daß du unterwegs stirbst. Ich habe keine Probleme damit. Und wenn du willst, machen wir das einfach.

Für mich ist das eine sehr wichtige Erfahrung, die ich nicht missen möchte. Es gibt mir immer wieder Kraft, wenn ich daran denke. Und für meinen Vater war es die Möglichkeit, noch einmal die Sonne zu sehen und das Meer. Wir hatten dort ein schönes Appartement. Mein Vater ist dort zur Ruhe gekommen. Dort hat er gelernt, seine Krankheit anzunehmen.

Nur wenn man selbst unabhängig ist, kann man einen Sterbenden auch in seiner Angst begleiten. Wenn ich vor jemandem Angst habe, wie soll ich ihm dann helfen können, mit der eigenen Angst umzugehen. Das ist unmöglich. In diesem Bewußtsein habe ich auch mit meinem Vater gelebt. Aber es gilt natürlich für den Umgang mit allen Sterbenden.

Oft gibt es aber keine tröstenden Worte. Oder zumindest fallen mir keine ein. Wenn jemand AIDS-krank ist und mit 30 Jahren sterben muß, gibt es keinen Trost. Gerade, wenn derjenige noch wahnsinnig am Leben hängt. Seine ganzen Ziele und Hoffnungen sind weg. Das einzige, was dann möglich ist: So individuell, wie es nur geht, auf den Betroffenen eingehen, seine Wünsche erfüllen. Das ist sehr wohl möglich. Man kann ihn auch auf seine Ängste ansprechen. Man lernt im Lauf der Zeit, was man alles ansprechen kann. Natürlich nicht in jeder Situation. Aber das spürt man schon, wenn man sich ihm einigermaßen fürsorglich zuwendet.

Viele haben große Angst vor dem Sterben. Diese Ungewißheit: Kommt dahinter etwas? Gläubige Menschen tun sich oft etwas leichter damit. Manche werden noch von anderen Dingen im Leben gehalten. Da ist noch etwas, was sie beschäftigt. Wo sie nicht wissen, wie sie das bewältigen sollen. Sie haben noch kein Testament geschrieben und haben Angst davor. Oder sie sind mit ihren Kindern verkracht. Das sind wieder diese „unerledigten Geschäfte". Wenn man einfach nur zuhört, kann man oft ganz konkrete Hilfe leisten. Etwa indem man sie ermutigt, Verwandte anzurufen. Oder auch über die eigene Beerdigung zu sprechen. Immer wieder gibt es Situationen, wo mir Sterbende sagen, sie wollen nicht mehr leben. Dann kann man sich nur zu ihnen setzen, vielleicht ihre Hand nehmen. Und ihnen damit zeigen, daß sie nicht allein sind. Ich sage ihnen, daß ich da keine Lösung anbieten kann und erkläre meine Situation. Nach Gift hat mich noch keiner gefragt. Wir versuchen, Sterbenden Lebensumstände zu schaffen, die lebenswert sind. Oft sieht es am nächsten Tag schon wieder ganz anders aus. Richtige Schmerztherapie ist da ganz wichtig. Sobald Menschen schmerzfrei sind, in Ruhe und Frieden sein und ihre unerledigten Geschäfte erledigen können, wenn jemand da ist, der sie begleitet, will jeder einigermaßen bewußt sterben. Dann ist es für ihn in Ordnung. Dann gehört das auch zu seinem Leben. Das ist zumindest meine Erfahrung. So habe ich es bisher immer erlebt. Sterben funktioniert nicht wie ein Lichtschalter: Ein – aus. Es ist ein Prozeß. Er geht über Stunden hinweg. Das ist meine Vorstellung. Und dabei eine friedliche Atmosphäre zu schaffen, ist mein Ziel.

Schon oft habe ich erlebt, daß Menschen wie von selbst sterben, wenn man einmal mit ihnen über ihre Ängste geredet hat. Ich erinnere mich noch gut an eine alte Frau, etwa 80 Jahre alt, die auf der Intensivstation lag. Sie war ganz angespannt, voller Ängste. Das hat man richtig gespürt. Ich habe sie auf ihre Ängste angesprochen. Sie konnte schon nicht mehr antworten, schaute mich aber mit großen Augen an. Sie war eine einfache Frau, aus bayrisch-bäuerlichen, streng katholischen Verhältnissen. Ich habe sie gefragt, ob sie Angst vor Hölle und Fegefeuer hat. Daraufhin wieder dieser Blick. Und dann hab' ich ihr erzählt, daß ich ganz sicher bin, daß das nur bildhafte Vorstellungen sind. Daß es eine Hölle gar nicht gibt. Und daß Gott sie so liebt, wie sie ist, daß er sich freut, wenn sie kommt.

Und dann ist etwas ganz Eindrucksvolles passiert. Sie war beruhigt, ihr Puls ging runter, ihre Temperatur sank stetig. Ihr Körper ist einfach kühler und kühler geworden. Am Abend ist sie in Frieden eingeschlafen und war tot. Sie hatte ihr Leben losgelassen.

# Hospiz-Formen

Oft wird unter einem Hospiz ein spezielles Haus zur Pflege von Sterbenden verstanden. Dabei ist ein Hospiz-Dienst keineswegs an ein Haus – das Hospiz im engeren Sinne – gebunden. Grundsätzlich lassen sich verschiedene Formen von Hospiz-Initiativen unterscheiden:

- Stationäre Hospize übernehmen die pflegerische und ärztliche Betreuung, wenn der Kranke kurz- oder längerfristig nicht daheim gepflegt werden kann. Oft wird das Hospiz zum letzten Ort des Lebens und zum Ort des Sterbens, wenn klar ist, daß der Tod absehbar geworden ist. Die ärztliche Betreuung wird in stationären Hospizen oft vom Hausarzt übernommen.
- Tageshospize betreuen einsame Menschen oder Kranke, deren Angehörige tagsüber arbeiten müssen.
- Ambulante Hospize versuchen, das Sterben zu Hause zu ermöglichen.

Im Gegensatz zu Hospizen sind Palliativstationen meist direkt an Krankenhäuser angegliedert. Die medizinisch-lindernde Versorgung der Patienten durch Krankenhausärzte steht hier im Vordergrund. Unter Umständen kann aber auch auf diesen Stationen noch einmal der Versuch einer Heilung unternommen werden.

Es ist das Bestreben der Hospiz-Bewegung, daß möglichst viele Menschen zu Hause, in vertrauter Umgebung, sterben können. Stationäre Langzeithospize sollen daher möglichst nur den Menschen vorbehalten werden, die aufgrund ihrer Lebenssituation nicht zu Hause betreut werden können – etwa weil sie allein leben, gar kein Zuhause haben oder aufgrund der Krankheit eine Betreuung in den eigenen vier Wänden nicht möglich ist. Wenn die Schmerzen unter Kontrolle, kritische Situationen überwunden sind und auch Angehörige ihre Ängste beim Umgang mit Sterbenden überwinden konnten, können Patienten unter Umständen auch aus einem stationären Hospiz wieder nach Hause entlassen und dort gepflegt werden.

Hospiz-Dienste richten sich an Menschen, deren Lebensende durch schwere Krankheiten (vor allem Krebs, AIDS, neurologische Erkrankungen u.a.) absehbar geworden ist. Manche Hospize haben sich auf die Pflege etwa von AIDS-Kranken spezialisiert. Nur wenige stationäre Einrichtungen können – abhängig von den räumlichen Verhältnissen – auch Langzeit-Patienten (etwa mit Apallischem Syndrom) aufnehmen. Wichtig für die Aufnahme in einen Hospiz-Dienst ist, daß alle Beteiligten – der Patient, Angehörige und möglichst auch der Hausarzt – den Prinzipien der Hospiz-Pflege zustimmen: nur lindernde Pflege und Therapie, keine weiteren Therapieversuche zur Heilung sowie Verzicht auf bestimmte Maßnahmen (wie etwa künstliche Beatmung).

### Ein stationäres Hospiz – das Hospiz Louise

„Im Krankenhaus wird immer noch mehr an Medizin in die Menschen reingepumpt. Wir verzichten hier dagegen auf viele Behandlungen, denn die meisten sind bei unseren Gästen überflüssig geworden", sagt Schwester Anna Lioba, die in Heidelberg das *Hospiz Louise* leitet. Die Schwerstkranken und Sterbenden, die hier aufgenommen werden, sind nicht „nur" Patienten – sie sind Gäste, die sich wohlfühlen sollen. Genau wie im Mittelalter ist das Hospiz „Gasthaus" für Menschen, die auf der Reise sind.

Dreißig Jahre lang hat Schwester Anna Lioba in Krankenhäusern gearbeitet und erlebt, wie sich dort der Betrieb immer mehr zum Schlechteren wandelte. „Das Krankenhaus hat sich immer weiter von den Bedürfnissen der Patienten, vor allem der Sterbenden, entfernt. Früher mußte dort niemand alleine sterben. Wenn es soweit war, blieb immer jemand bei ihm. Das ist heute schon allein aus Zeitmangel nicht mehr möglich."

Daher hat Schwester Anna Lioba in Heidelberg das *Hospiz Louise* aufgebaut, benannt nach Louise von Marillac, einer der Gründerinnen des *Ordens der Barmherzigen Schwestern*. Seit Februar 1992 betreibt dieser Orden das Hospiz. In dem Zwei-Familien-Haus, in der schönen Heidelberger Weststadt gelegen, sind seither etwa 130 Menschen gestorben – versorgt vom Hospizteam, das zum größten Teil aus Krankenschwestern und Pflegerinnen mit langjähriger Berufserfahrung besteht.

Das Haus hat fünf Zimmer mit je einem Bett, die alle individuell eingerichtet werden können. Doch da der ganze Rhein-Neckar-Raum zum Einzugsgebiet des Hospizes gehört, ist das viel zu wenig. So sind gerade nur vier Betten belegt – doch für das freie Zimmer gibt es fünf Anmeldungen. Wie bei allen stationären Hospizen in Deutschland ist die Finanzierung noch nicht endgültig geregelt. Immer wieder ist zum Unterhalt des Hauses die „Kunst der Improvisation" gefragt, so Schwester Anna Lioba. Die Krankenkassen übernehmen zwar einen Teil der Pflegekosten. Wenn irgend möglich beteiligen sich auch die Gäste finanziell an ihrer Pflege. Ansonsten finanziert sich das Hospiz vor allem aus Spenden, den Rest der Kosten übernimmt der Orden. Doch irgendwann soll sich das Hospiz auch einmal selbst tragen können.

Vor allem Krebspatienten, aber auch Menschen mit AIDS und neurologischen Erkrankungen werden im *Hospiz Louise* aufgenommen; Menschen, die zu Hause nicht gepflegt werden können und deren Pflege auch für Pflegeheime zu intensiv wäre. Im Zweifelsfall entscheidet ihre soziale Bedürftigkeit über die Aufnahme.

„Für manche Angehörigen ist es zunächst mal ein Schock, wenn sie – noch das Krankenhaus vor Augen – hören, daß wir normalerweise keine Infusionen anhängen", sagt Schwester Anna Lioba. „Unserer Ansicht nach stört aber jeder Schlauch nur das enge menschliche Miteinander." Zum Pflegekonzept des Hospizes gehört, daß die Bedürfnisse der Sterbenden im Mittelpunkt stehen. „Unsere Gäste werden möglichst individuell betreut, nicht von der Medizintechnik her, sondern genau abgestimmt auf ihr Krankheitsbild. Das bedeutet etwa auch, daß wir ihnen, wenn nötig, tröpfchenweise Flüssigkeit einflößen. Und wenn es der Wunsch des Sterbenden ist, spülen wir seinen Mund eben nicht mit Hexoral, sondern mit Sekt aus. Das ist auch schon vorgekommen", sagt Schwester Anna Lioba.

„Jeder kann hier so leben, wie er es noch kann und will. Wir wollen hier niemanden mehr ändern – und schon gar nicht missionieren." So ist es für die Schwestern und Pflegerinnen selbstverständlich, daß jemand, der sein ganzes Leben über „an der Flasche hing", auch in seinen letzten Tagen noch seinen Schnaps bekommt oder daß AIDS-kranke Drogenabhängige hier weiter mit Methadon substituiert werden.

Durchschnittlich leben die Gäste noch etwa einen Monat im *Hospiz Louise*, manche aber auch länger – wie etwa Petra Härtel (Name geändert). Ihr ganzer Körper ist über und über von Krebsmetastasen befallen. Im Krankenhaus litt sie oft unter Erstickungsanfällen, sie konnte schon nicht mehr aufstehen. Seit einem halben Jahr wohnt sie hier. Ihr Mann hätte sie allein zu Hause nicht versorgen können. Jetzt kommt er regelmäßig zu Besuch. Der Krebs frißt sich immer weiter durch ihren Körper. Frau Härtel hat dennoch keine Schmerzen: „Sie lebt vom Morphium" sagt Schwester Anna Lioba, denn Frau Härtel erhält rund um die Uhr hohe Dosen des schmerzstillenden Medikaments. Und das ermöglicht ihr, den ganzen Tag schmerzfrei bei klarem Bewußtsein zu verbringen. Frau Härtel liest viel. Bald konnte die 66jährige ermuntert werden aufzustehen, und seither geht sie auch wieder alleine auf Toilette. Ehrenamtliche Hospizhelfer unterhalten sich mit ihr oder fahren mit ihr spazieren. „Im Krankenhaus hätte ich nie gedacht, daß ich noch mal zum Bismarckplatz komme. Und jetzt war ich ein paar Mal wieder da und konnte Cappuccino trinken. Ich habe es erst hier kennengelernt, daß sich Menschen so für andere engagieren."

Hauptamtliche und ehrenamtliche Hospiz-Mitarbeiter kümmern sich aber nicht nur um die Gäste, sondern auch um deren Angehörige – wenn die es wünschen. „Hier gibt es keine institutionalisierte Hilfe", sagt Schwester Anna Lioba. „Denn Sterbe- und Trauerbegleitung heißt nicht, daß ich jemanden packe und irgendwohin zerre, wohin er gar nicht will. Begleiten heißt, daß ich jemandem ein Angebot mache. Wenn Angehörige es alleine schaffen, dann lassen wir sie auch alleine. Doch manche können den Schmerz und die Trauer um den Sterbenden besser aushalten, wenn jemand mit dabei ist und es ebenfalls aushält."

Für die Zukunft ist eine Erweiterung auf zehn Betten geplant, die dem großen Bedarf nach stationärer Hospiz-Betreuung hoffentlich bald Rechnung tragen wird. Außerdem soll die Betreuung Sterbender in Heidelberg und Umgebung immer mehr durch die Zusammenarbeit mit der ambulanten Hospiz-Initiative ergänzt werden.

### Zu Hause sterben – Ambulante Hospize

„Wir wollen den Menschen Mut machen, sterbenskranken Angehörigen ein Sterben in vertrauter Umgebung zu ermöglichen und sie bis zuletzt zu Hause zu pflegen", sagt Martin Weber, Arzt, Krebsspezialist und Vorsitzender der *Mainzer Hospiz-Gesellschaft Christophorus e.V.*– einer der etwa 400 Hospiz-Initiativen, die mittlerweile in Deutschland entstanden sind.

„Dabei wollen wir vor allem Hilfe zur Selbsthilfe geben", sagt er. „Wenn schwerstkranke, sterbende Patienten aus der Klinik entlassen werden, fallen sie und ihre Familien erst einmal in ein Loch. Denn oft sind sie dabei ganz alleingelassen und wissen nicht, wie es jetzt weitergehen soll. Keiner fängt sie auf. Und dabei gibt es so viele Möglichkeiten, die die Pflege daheim erleichtern. Viel mehr als man denkt."

Doch wer hat heute schon einmal erlebt, wie jemand zu Hause gestorben ist? Immer mehr Menschen leben alleine oder in Kleinfamilien. Durch die Pflege Schwerstkranker würden sie rasch an die Grenze ihrer Belastbarkeit stoßen. Die Ängste der Angehörigen sind denen der Sterbenden oft sehr ähnlich. Dazu kommt aber noch die Angst vor dem eigenen Versagen: Schaffe ich das überhaupt?

„Wir wollen Menschen darin bestärken, diese Aufgaben zu übernehmen, indem wir ihnen vermitteln, daß sie sich in Notsituationen absolut auf uns verlassen können", sagt Lieselotte Grohmann, die Leiterin der Geschäftsstelle des *Mainzer Hospiz*. Schließlich wollen über 90 Prozent der Menschen zu Hause sterben. Oft nehmen die Mitarbeiter der Hospiz-Initiative schon im Krankenhaus Kontakt mit den Angehörigen sterbender Patienten auf. Denn bevor der Schritt eines schwerstkranken, sterbenden Menschen aus dem Krankenhaus zurück nach Hause getan werden kann, müssen eine Reihe von Fragen geklärt sein:

Gibt es einen Bereitschaftsdienst, der der Familie rund um die Uhr bei Problemen beiseite stehen kann? Hat das Pflegeteam ausreichende Kenntnisse in der Pflege von Schwerstkranken? Ist der Hausarzt bereit, eine solche Betreuung zu übernehmen und ist eine gute Zusammenarbeit mit dem Sozialdienst gewährleistet? Sind die räumlichen Voraussetzungen für eine Pflege daheim ausreichend? Ist die finanzielle Seite geklärt? Gibt es für die Angehörigen genügend Entlastungsangebote?

Die Mitarbeiter der Mainzer Hospiz-Gesellschaft beraten seit über fünf Jahren bei all diesen Fragen. Wenn nötig, stellen sie kostenlos und unbürokratisch ein spezielles Pflegebett oder besondere Schmerzpumpen zur Verfügung, die in Deutschland noch nicht weit verbreitet sind. Die Geschäftsstelle ist rund um die Uhr erreichbar. Ein Anrufbeantworter, der regelmäßig abgehört wird, nimmt die eingehenden Anfragen auf, so daß sich Familien darauf verlassen können, im Notfall schnell Hilfe von ausgebildeten Pflegekräften zu bekommen.

„Wir wollen auf keinen Fall anderen Pflegediensten die Arbeit wegnehmen", sagt Lieselotte Grohmann. „Wir sehen unsere Aufgabe darin, die bestehenden Pflegeangebote zu vernetzen und unsere speziellen Kenntnisse etwa in der Schmerztherapie weiterzugeben." Arbeit wegnehmen könnte die Hospiz-Gesellschaft mit ihren eineinhalb hauptamtlichen Stellen auch kaum. Doch für viele praktische Fragen können die Mitarbeiter Ansprechpartner sein.

„Eine wichtige Aufgabe ist zudem die psychosoziale Begleitung, denn dazu kommen die normalen Pflegedienste aus Zeitmangel kaum", so Frau Grohmann. Hier sind vor allem die etwa 35 ehrenamtlichen Mainzer Hospizhelfer gefragt. Sie wurden speziell geschult und übernehmen freiwillig die Betreuung von einzelnen Patienten und deren Angehörigen. Sie kaufen ein, gehen spazieren, lesen vor und sind bereit für Gespräche mit dem Sterbenden oder seiner Familie. Indem sie sich zeitweise um die Kranken kümmern, ermöglichen sie es den Angehörigen, einmal Abstand zu gewinnen und wieder Kraft zu schöpfen, ohne deswegen gleich ein schlechtes Gewissen zu haben, weil man den Patienten alleine gelassen hat. Die Hospiz-Gesellschaft vermittelt auch Nachtwachen von ausgebildeten Pflegekräften, so daß Angehörige auch wieder mal eine Nacht durchschlafen können.

Alle ihre Dienste bietet die Hospiz-Initiative kostenlos an. (Die „normale" Versorgung durch Sozialdienste usw. wird dagegen von Kranken- bzw. Pflegekasse übernommen.) Der Mainzer Hospiz-Verein finanziert sich vor allem über Mitgliedsbeiträge, Spenden und Zuschüsse der Kirchen. Eine dauerhaft geregelte Finanzierung seiner Arbeit ist aber auch in nächster Zeit nicht absehbar.

### *„Ich wußte, im Notfall sind wir nicht allein"*

Paul K., 62 Jahre alt und im Vorruhestand, hat seine Frau, die an Magenkrebs litt, in ihren letzten Tagen aus dem Krankenhaus nach Hause geholt. Mit Unterstützung durch die Mainzer Hospiz-Initiative wurde ihr ein Sterben zu Hause ermöglicht.

Meine Frau hatte schon so viel mitgemacht. Zunächst wurde ihr der Magen vollständig entfernt – ohne Magen kann man ja ohne weiteres leben. Dann kamen vier Chemotherapien. Doch die hat sie überhaupt nicht vertragen. Und bei der vierten ist sie völlig zusammengebrochen. „Sie sollen doch leben", sagte die Ärztin damals zu ihr. „Aber mit einer weiteren Chemo bringen wir Sie um. Wir hören auf damit." Dann sollten ihr noch die verkrebsten Eierstöcke herausoperiert werden. Und dabei stellte man fest, daß schon der ganze Darm, die ganze Bauchdecke und die Gebärmutter über und über mit Tumoren bedeckt waren. Da haben wir gewußt, daß es wohl zu Ende geht. Wie lange es noch dauerte, wußte meine Frau nicht. Ich habe mir aber unseren Hausarzt vorgeknöpft. Die Ärzte drücken sich ja immer vor solchen Voraussagen. Aber ich wollte es ja nicht auf den Tag genau wissen, wie lange sie noch zu leben hatte. Schließlich sagte er mir, vielleicht noch drei Monate.

Mitte April habe ich sie dann nach Hause geholt. Ich war ja Rentner und konnte den Haushalt machen. Sie bekam eine Menge Medikamente. Vor allem, weil sie Schwierigkeiten mit dem Stuhlgang hatte, denn die Tumore haben ihr den Darm so abgedrückt, daß er fast ganz verschlossen war. Es ging ihr mehr schlecht als recht. Ich habe sie oft einfach nur in den Arm genommen. Ab und zu sind wir um den Block gegangen. Und dann hatten wir Schwierigkeiten, wieder in den dritten Stock hochzukommen. Meine Frau war schon ganz schwach. Mittlerweile hatte sie von 70 auf 40 Kilogramm abgenommen. Doch noch konnte ich sie allein versorgen. Ich hätte aber notfalls die Hilfe der Sozialstation in Anspruch nehmen können. Und im Krankenhaus hatte meine Frau schon Frau Grohmann von der Mainzer Hospiz-Initiative kennengelernt, die sie dort regelmäßig besucht hat.

Eines Morgens konnte meine Frau nicht mehr aus dem Bett aufstehen. Sie weckte mich – ihr Bein war ganz dick angeschwollen. Eine Beckenvenen-Thrombose. Da helfe kein Verband mehr, sagte der Arzt. Sie müsse sofort in die Klinik. Dort wurde sie an alle möglichen Geräte angeschlossen: An automatische Pumpen, die ihr 24 Stunden am Tag blutverdünnende Mittel einspritzten. Über andere Infusionen bekam sie Schmerzmittel und Mineralien zugeführt. Den ganzen Mai und halben Juni wurde sie noch in der Klinik versorgt. Doch besser ging es ihr durch die Behandlungen nicht mehr.

„Ich wär so gern noch mal daheim", sagte sie mir einmal. Sie wußte, daß sie nicht mehr gesund würde. Sie war im Endstadium ihrer

Krankheit. Und ihr letzter Wunsch war mir ein Befehl. Sie hat 35 Jahre lang alles für mich und die Familie gegeben. Immer nur geben, geben, geben. Immer nur für andere da sein. Jetzt konnte ich ihr etwas davon zurückgeben. Doch das war für sie gar nicht so leicht. Sie mußte erst mal lernen zu nehmen.

Ich habe dann deswegen sofort mit den Ärzten gesprochen und war ganz überrascht: Sie haben sich viel Zeit genommen für meine Frau und mich. Ich mache alles für meine Frau, habe ich den Ärzten gesagt. Ich nehme sie wieder mit heim. Es ist ja keine Schwierigkeit, ein Pflegebett zu bekommen und die Schwestern von der Sozialstation anzurufen. Das mache ich alles gerne für sie. Aber eines muß mir garantiert sein, wenn ich sie hole: Sie muß schmerzfrei sein. Es geht nicht, daß ich eine Frau zu Hause habe, die vor Schmerzen jammert. Das sollten sich die Ärzte überlegen, ob das möglich sei. Und sie sagten: Ja, das geht. Es ist möglich.

Ich habe dann wieder Kontakt zu Frau Grohmann von der ambulanten Hospiz-Initiative aufgenommen. Sie hat sich um alles gekümmert, alles vorbereitet. Hat mit mir die Anträge zur Pflegeversicherung ausgefüllt. Hat das Pflegebett bestellt, das bei uns zu Hause aufgestellt wurde. Hat die Schwestern von der Sozialstation angewiesen, wie die Schmerzpumpe für das Morphium zu bedienen war. Und die waren ganz platt. Dieses einfache Gerät kannten sie gar nicht. In Deutschland ist es leider nicht weit verbreitet, wohl aber in Skandinavien. Ein ganz tolles Gerät. Man kann es überall mit sich herumtragen und bekommt andauernd kleine Mengen Morphium eingeflößt, so daß nie Schmerzen entstehen können. Die Ärzte haben meine Frau noch eine Woche länger im Krankenhaus behalten. Später habe ich auch erfahren, warum. Für sie war es das erste Mal, daß sie eine so schwer kranke Patientin wie meine Frau wieder nach Hause entließen. Man muß sich das mal vorstellen: Sie hatte Katheter angeschlossen. Weil die Tumore den Darm so abdrückten, daß sie nicht mehr auf Toilette konnte, wurde er über eine Magensonde entleert. Über Infusionen wurde sie ernährt und bekam ständig über die Schmerzpumpe Morphium zugeführt. Mit all diesen Apparaturen war sie hier in der Wohnung. Und ich habe diese ganzen Geräte bedient. Das habe ich ganz schnell gelernt. Für die Ärzte war das natürlich auch ungewohnt.

Dienstags kam meine Frau dann nach Hause. Ich glaube, sie hat sich wirklich gefreut. Im Wohnzimmer hatten wir die Eßecke für sie ausgeräumt. Dorthin stellten wir das Pflegebett von der Hospiz-Initiative. Im Schlafzimmer wäre sie so abgeschoben gewesen. Wenn wir abends zusammen gegessen haben, war sie bei uns. Sie war auf diese Weise nie allein, konnte tagsüber aus dem Fenster schauen. Und ich bin abends auch nicht mehr in mein Bett gegangen, sondern habe meist auf dem Sofa geschlafen.

So etwas, wie ich es gemacht habe, läßt sich aber nur in Zusammenarbeit mit den Ärzten verwirklichen. Wenn wirklich alle zusammenspielen. Frau Grohmann hat sich dann auch mit unserem Hausarzt kurzgeschlossen. Sie selbst kam oft vorbei – auch am Wochenende. Auch der Hausarzt kam nochmal am Samstagabend, um nach meiner Frau zu sehen. Sonntagmorgens um neun Uhr klingelte das Telefon – und er wollte wissen, wie sie die Nacht verbracht hatte. Und mittags meldete er sich sogar für ein paar Stunden ab, um mit seiner Familie einmal wegzugehen. Wo gibt es heute noch solche Ärzte, die sich so um ihre Patienten kümmern?

Die Schwestern von der Sozialstation wuschen meine Frau morgens von Kopf bis Fuß. Und abends kamen sie, um sie noch einmal frisch zu machen. Außerdem hatte die Hospiz-Initiative das Angebot gemacht, Nachtwachen zu schicken, damit wir einmal ausschlafen könnten. Doch das war noch nicht nötig. Zunächst konnte ich mich mit meinen beiden Töchtern abwechseln.

Doch die eine mußte auch mal wieder nach Hause zu ihren Kindern. Und so habe ich dann am Wochenende mit unserer Jüngsten meine Frau rund um die Uhr versorgt. In den letzten beiden Tagen mußte ständig jemand bei ihr sein. Man weiß gar nicht, was ein Mensch alles aushalten kann. Ich habe einmal 42 Stunden am Stück da gesessen, ohne auch nur zehn Minuten zu schlafen. Man glaubt gar nicht, daß das geht. Aber wir konnten nicht einmal kurz weggehen. Denn meine Frau war die meiste Zeit schon nicht mehr bei Bewußtsein. Sie hat stark mit ihren Händen herumgefuchtelt und dabei fast die Schläuche abgerissen. Wir haben ihr daher dauernd die Hände gehalten und beruhigend auf sie eingesprochen. Doch sie hatte auch immer wieder ganz lichte Momente. In der letzten Nacht, meine Tochter schlief gerade, wollte sie noch einmal aufgesetzt werden. Sie verlangte sogar noch einen Kaffee, den sie dann auch selbst getrunken hat. Kurz vorher war sie dazu überhaupt nicht in der Lage gewesen. Da mußte ich ihr noch Wasser in den Mund einflößen, um ihn feucht zu halten. Irgendwann wollte sie aber wieder hingelegt werden und schlief ein. Das war von Sonntag auf Montag. Meine Tochter löste mich morgens um viertel vor sieben ab. Wir sind wohl am Ende angelangt, sagte ich ihr. Und wir müßten jetzt für die nächste Nacht das Angebot der Hospiz-Gesellschaft annehmen wegen der Nachtwachen. Denn zu zweit hätten wir es nicht mehr geschafft. Einer saß ja immer bei ihr, der andere schlief. Zwischendurch mußten wir ja auch mal Essen vorbereiten oder einkaufen. Doch so weit ist es gar nicht mehr gekommen. Um zwanzig nach acht kam meine Tochter ins Zimmer: „Papa, komm raus. Ich glaub', Mutti ist tot." Und so war es dann auch.

Das war für mich ein würdiges Sterben. Ohne Schmerzen, nicht alleine, denn wir waren immer bei ihr – und zu Hause in ihrer vertrauten Umgebung. Das war nur möglich, weil wir durch die Hospiz-Initiative abgesichert waren.

## Die Zukunft der Hospiz-Bewegung

Eine einheitliche Hospiz-Bewegung in Deutschland gibt es nicht. Zu vielgestaltig sind die Hunderte von Hospiz-Initiativen, die mittlerweile hier entstanden sind. Manche, die schon seit einigen Jahren bestehen, haben einen hohen Organisations- und Professionalisierungsgrad erreicht, andere stecken noch in den Kinderschuhen und bieten etwa ehrenamtliche Nachtwachen in Krankenhäusern oder Pflegeheimen an. Unterschiedlich sind oft die Vorstellungen der verschiedenen Initiativen, wie Hospiz-Arbeit organisiert sein soll, wie Hospiz-Dienste sich in das vorhandene Netz aus Krankenhäusern, Ärzten, Pflegeheimen und Sozialstationen eingliedern, welche Funktion ehrenamtliche Mitarbeiter haben und wie die Aufgaben zwischen ehren- und hauptamtlichen Hospizhelfern verteilt sein sollen. Daher gibt es bislang auch noch keinen Dachverband der Hospiz-Bewegung. Manche vergleichen die Entwicklung der Hospiz-Bewegung mit der der Grünen. Denn auch die Hospiz-

Bewegung ist eine basisorientierte Bewegung, die „von unten" kommt und vor Ort mit viel Idealismus schon einiges erreicht hat. Doch mittlerweile hat sie eine solche Größe angenommen, daß auch überregionale Strukturen geschaffen werden müssen, will man mehr bewirken. Denn die Probleme, die sich stellen, sind überall ähnlich.

Die Hospiz-Dienste sind bisher noch nicht in unser Gesundheitswesen integriert. Vor allem die Finanzierung ist auf Dauer noch weitgehend ungeklärt. Doch viele in der Hospiz-Bewegung Tätige haben Angst vor einer zu starken Professionalisierung ihrer Tätigkeit und ihres Engagements. Auch ist der Begriff „Hospiz" noch nicht geschützt, es gibt noch keine einheitlichen Kriterien dafür, was wirklich genau einen Hospiz-Dienst auszeichnet.

Seit 1992 gibt es zwar die *Bundesarbeitsgemeinschaft Hospiz* in Halle. Doch bislang ist es nicht gelungen, die unterschiedlichen Strukturen der Hospiz-Initiativen „unter einen Hut" zu bringen. In einigen Ländern sind mittlerweile Landesarbeitsgemeinschaften entstanden, aus denen heraus sich vielleicht einmal ein Dachverband entwickeln mag.

Das Hauptproblem vieler Hospiz-Initiativen liegt jedoch bei ihrer Finanzierung. Noch immer gibt es keine gesicherte Regelfinanzierung für ihre Dienste. Auch das zeigt, daß Hospize noch keinen festen Platz im Gesundheitssystem gefunden haben, obwohl sie sehr kostengünstig sind, weil sie auf teure Apparatemedizin verzichten und versuchen, das Sterben zu Hause zu ermöglichen. Nur mit viel Engagement und Improvisationsgeschick bekommen die Initiativen das Geld für ihre wichtige Arbeit zusammen. Eine Mischfinanzierung ist die Regel – und aller Voraussicht nach wird das auch so bleiben. So werden ambulante Dienste vor allem von Kranken- und Pflegekassen bezahlt, Patienten und oft auch Träger des Hospiz-Dienstes (etwa der Verein) beteiligen sich an den Kosten, Kirchen, Kommunen und andere Institutionen gewähren Zuschüsse.

Stationäre Hospize werden erst ab dem 1. Juli 1996 Gelder aus der Pflegeversicherung bekommen. Bis dahin haben sich die Krankenkassen bereit erklärt, einen Teil der Pflegekosten im Hospiz zu übernehmen, ohne daß darauf ein dauernder rechtlicher Anspruch begründet wäre. In Nordrhein-Westfalen läuft bis zum Inkrafttreten der Pflegeversicherung für vollstationäre Pflege am 1.Juli 1996 ein Modellprojekt zur Finanzierung stationärer Hospize. Dieses Mischfinanzierungskonzept sieht vor,

daß die Krankenkassen den üblichen Pflegesatz für häusliche Kranken-
pflege übernehmen. Überörtliche Sozialhilfeträger beteiligen sich an
den Kosten. Die Kosten für Verpflegung und Unterkunft werden vom
Patienten und/oder dem Träger des stationären Hospizes übernommen.
Ziel dieses Modellprojektes ist es, Kriterien dafür zu entwickeln, wie eine
gute Hospizpflege aussehen soll und wie sie kostendeckend zu finanzie-
ren ist.
Vorrangig ist auf jeden Fall, das Sterben zu Hause zu ermöglichen. Die
Aufnahme in stationäre Hospize, die möglichst nicht mehr als zehn bis
zwölf Betten haben sollen, soll nur für besondere Einzelfälle vorbehalten
sein, bei denen keine andere Betreuung möglich ist. Denn es darf nicht
sein, daß andere stationäre Einrichtungen wie Krankenhäuser oder Pflegeheime Sterbende in Hospize abschieben. Wichtiger ist vielmehr, daß
auch in bereits bestehenden Einrichtungen – Krankenhäusern, Alters-
und Pflegeheimen – ein Wandel beim Umgang mit Sterbenden im Sinne
der ganzheitlichen Betreuung, wie sie die Hospiz-Bewegung vormacht,
erfolgt.
Bisher hat die Hospiz-Bewegung viel dazu getan, den verdrängten Tod
in den Alltag zurückzuholen. Doch manchmal wird aus den Reihen der
Hospiz-Initiativen der Tod als ein für alle Beteiligten schönes Ereignis hin-
gestellt, daß jeder erleben könne, wenn er sich nur genügend darauf
vorbereitet. Fachmännisch angegangen komme man schon damit zu-
recht. Diese Sichtweise stößt nicht nur außerhalb der Hospiz-Bewegung
auf Kritik. Auch viele engagierte Hospiz-Helfer weisen solche idealisier-
ten, von manchen als „eher esoterisch" bezeichneten Betrachtungen
über den Prozeß des Sterbens weit von sich. Nicht immer läßt sich das
Sterben „für alle zufriedenstellend bewältigen". Denn Sterben kann –
auch wenn es zu Hause, in vertrauter Atmosphäre, umgeben von Familie und Freunden geschehen kann – ein unästhetischer, quälender und
schleppender Prozeß sein, der mit Wut, Trauer und oft auch psychischen
Schmerzen verbunden ist.
Wer sich dessen bewußt ist und sich nicht der Illusion von einem in allen
Phasen schönen und guten Sterben hingibt, ist auch nicht erschreckt,
wenn es so kommt. Und dann können die anderen friedlichen, oft intimen Augenblicke wahrgenommen werden und dem Sterben die Würde
verleihen, die heute so oft vermißt wird.

## „Er war immer so gelassen –
## und mich hat das fast verrückt gemacht"

Susannes Mann ist vor vier Jahren an Leberkrebs gestorben. Seitdem erzieht Susanne, 36 Jahre alt, ihre beiden Söhne, die heute fünf und sieben Jahre alt sind, allein. Außerdem arbeitet sie als Gemeindehelferin in einem katholischen Pfarramt.

„Ich glaub', jetzt sind wir dran. Jetzt wird's ernst." Das war sein Kommentar, als er die Diagnose hörte. Ganz typisch für ihn: Bloß nicht rumjammern, immer etwas sarkastisch. Für mich war die Mitteilung ein Schlag. Daß er schon lange eine Darmkrankheit hatte und immer Medikamente nehmen mußte, damit konnten wir leben. Als dann diese Rückenschmerzen kamen, dachte zunächst keiner, daß etwas Neues dazugekommen sein könnte. Wegen der vielen Medikamente waren seine Leberwerte sowieso nicht in Ordnung. Doch dann kam vor fünf Jahren, kurz vor Weihnachten, heraus, daß sich in der Leber ein Tumor gebildet hatte. Faustgroß. Ob gut- oder bösartig konnte uns noch keiner sagen.

Bis zu diesem Zeitpunkt waren wir bei seiner Krankheit immer ganz gelassen. Doch das war für mich der Moment, wo mir buchstäblich das Blut in den Adern gefror. Ich hab' so eine Angst gehabt. Ich hab' gedacht, das hältst du nicht aus. Für mich war diese Diagnose niederschmetternd. Aber dann haben wir uns gesagt: Jetzt ist erst mal Weihnachten, das feiern wir. Wir wissen noch nichts Genaues und machen uns nicht verrückt.

Nach Weihnachten hieß es dann, der Tumor sei bösartig. Da hatte man sich kaum an die erste Nachricht gewöhnt – und schon mußten wir die nächste Kröte schlucken. Die Ärzte sagten, es gebe noch Heilungschancen, der Tumor sei operabel. Denn von der Leber könne man unheimlich große Stücke wegschneiden. An solche Aussagen haben wir uns dann geklammert. Das brauchten wir auch, um weiterleben zu können.

Doch die Hoffnung, auf die wir uns stützen konnten, wurde immer kleiner. Als nächstes hieß es dann, es könnte doch nicht operiert werden. Nur eine Transplantation könne noch helfen. Das war wieder ein Schock, der einen meilenweit zurückgeworfen hat. Immer wieder haben wir uns dann aufgerappelt und gesagt: Es gibt ja noch diese Möglichkeit. Und dann lebt man eben mit transplantierter Leber. Im Februar wurde dann auch eine Transplantation versucht. Doch dabei stellten die Ärzte fest, daß schon alles voller Metastasen war. Für die Ärzte war der Fall damit medizinisch erledigt. Auf jeden Fall waren sie ehrlich. Ich hatte oft den Eindruck, daß den jungen Ärzten im Studium eingetrichtert wurde, auf keinen Fall Patienten zu belügen. Ältere Ärzte haben sich oft anders ausgedrückt: Medizinisch sei nichts mehr zu machen. Aber was sonst noch möglich sei, wüßten sie nicht. Manchmal gebe es die tollsten Sachen.

Mein Mann hat alles so gelassen hingenommen. Ich glaube, er hatte wirklich keine Angst vorm Sterben. Eine Zeitlang habe ich zu ihm gesagt: Wenn du nicht mehr lebst, will ich es auch nicht. Dann hat er nur geantwortet: „Komm, schwätz keinen Blödsinn. Du kannst das, du schaffst das. Und die Kinder wollen doch bei dir sein, die brauchen dich." Aber er hat es sich so leicht damit gemacht, fand ich oft. Diese Gelassenheit hat mich so provoziert. Ich hab' versucht, noch zu kämpfen. Habe nach anderen Möglichkeiten gesucht, wenn ihm schon medizinisch nicht mehr zu helfen war. Ich wollte nicht aufgeben. Manchmal haben wir uns deswegen richtig gestritten. Ich hab' dann oft gedacht: Dieser Schuft! Läßt mich hier alleine mit den beiden Kindern sitzen und will sich einfach aus dem Staub machen. Strengt sich kein bißchen an, damit er vielleicht doch wieder gesund wird.

Und dabei hat er sich überhaupt nicht hängen lassen. Er ging zum Joggen, bis er wirklich nicht mehr konnte. Er ist noch zu einem Zeitpunkt Fahrrad gefahren, wo man erwartet hat, daß er jede Sekunde vom Sattel fällt. Mit diesen ganzen Maßnahmen hat er sich wohl davor schützen wollen, hinfällig und zum Pflegefall zu werden. Und dabei wurde er immer dünner, immer schwächer.

Was noch dazu kam: Ab Mai wurde er gelb, weil sich die Gallenflüssigkeit aufgestaut hatte. Auch die Augen wurden ganz gelb – das sah furchtbar aus. Zunächst ist er nur zögernd in die Stadt gegangen. Später hat er sich darüber hinweg gesetzt, wenn die Leute ihn angestarrt haben. Bis heute komme ich nicht dahinter, warum er so gelassen war. Er konnte es einfach hinnehmen. Einmal saßen wir in einer Landgaststätte. Ich hatte wieder mal den Kopf ganz voll, war voller

Angst. Und habe ihn gefragt, was er denn gerade denke. „Ich denke über Langlaufski nach", sagte er, ganz gelb im Gesicht. Ich hab' gedacht, ich faß' es nicht. Ich sitz' da, kann kaum einen klaren Gedanken fassen – und er denkt über Langlaufski nach. Das war hart. Eine Zeitlang hatte er ziemliche Schmerzen und nahm auch viele Medikamente dagegen. Doch dann wurden es immer weniger Schmerzen, am Schluß hatte er gar keine mehr. Er hat später sogar ganz auf die Mittel verzichtet. Ich weiß nicht, warum er keine Schmerzen mehr hatte. Das konnte mir auch kein Arzt erklären.

Ganz am Ende hat er noch eine große Gelegenheit wahrgenommen. Mit Freunden ist er für vier Wochen nach Amerika geflogen. Sie sind dort durchs Land gereist, haben gezeltet. Das war genau das, was ihm Spaß gemacht hat. Viele hielten ihn für verrückt. Seine Eltern hatten große Angst, daß er unterwegs starb. Doch ich hab' ihn dabei unterstützt. Er hat überlegt, ob er ein neues Zelt kaufen sollte. Ich hab' ihm geraten, wenn er Lust dazu habe, dann solle er es auch tun. Und dann hat er sich das schönste Zelt ausgesucht.

In dieser Zeit in Amerika hat er noch mal unheimlich vital gelebt. Hat Holz gehackt, sein Zelt aufgebaut und sich dabei nicht helfen lassen. Das hatte man ihm schon gar nicht mehr zugetraut. Nur einmal in der Woche hat er angerufen. Und dann klang er unheimlich motiviert. Ich hab' immer gedacht, er schafft es, zurückzukommen. Etwas anderes hätte ich auch gar nicht denken dürfen. Sonst wäre ich kaputt gegangen. Wenn man nur dasitzt und wartet, daß das Telefon endlich klingelt. Ich hab' gedacht, das kann er nicht bringen, dort zu sterben. Daß er alleine weggefahren ist, war auch richtig. Das war seine Sache, die er alleine machen mußte, ohne mich.

Dann kam er zurück – und ich war so schockiert, wie er aussah. Er war 1,86 Meter groß und wog nur noch 46 Kilogramm. Ganz dünne Ärmchen hatte er. Und dann die gelbe Haut, die gelben Augen. Aber ich weiß nicht warum – von innen heraus hat er gestrahlt. Er war total glücklich, wie ich ihn noch nie zuvor gesehen hatte.

Ich hätte so gern mehr von ihm erfahren. Aber er war erschöpft von der Reise, hat nur ein bißchen erzählt und gegessen und sich hingelegt. Er ist dann ganz müde geworden. Damit er in den folgenden Tagen überhaupt noch etwas zu sich nahm, mußte ich ihn rütteln und

schütteln. Dann konnte ich auch ein bißchen über Amerika aus ihm
rausquetschen. Doch bald ist er wieder weggeschlafen. Ich bin schier
verrückt geworden, ich wußte ja nur so wenig über diese Zeit.
Was auf seiner Reise in ihm vorgegangen ist, weiß ich nicht. Aber
irgend etwas hat er aufgeräumt. Für ihn war es eine Chance, daß ich
nicht da war. Denn schließlich hab' ich ihn immer festgehalten. Hab'
immer gesagt: Du bleibst hier. Da sind deine Kinder, da bin ich. Das
ist unsere gemeinsame Aufgabe. Ich hab' schon immer Druck
gemacht. Ich konnte einfach nicht anders. Auch wenn ich gerne
heldenhafter gewesen wäre.

Samstags ist er zurückgekommen, in der Nacht von Donnerstag auf
Freitag ist er gestorben. Keine Woche mehr hat er hier gelebt. Dieses
Strahlen ist in dem Moment, als er müde wurde, auch immer mehr
verblaßt. Eine ganz schlechte Nacht hat er noch gehabt. Da war er
ganz unruhig, ist dauernd aufgestanden, jede Viertelstunde auf Toilette gegangen – und ich immer hinterher. „Laß mich los", hat er da
oft gesagt. Im Nachhinein versteh' ich mehr, was er damit meinte. Ich
glaube, er wußte, was passierte. Er hatte keine Angst. Seine Worte
versteh' ich heute als „Du, ich geh'. Und ich seh' schon, wo ich hinge-
he." Am nächsten Tag habe ich dann seine Familie angerufen und
ihnen gesagt, daß es schlecht aussah. Und daß sie kommen sollten.

Das war ein toller Tag, seine Eltern und seine Brüder kamen. Alle
waren noch mal da. Mein Mann hat nicht mehr darauf reagiert, er lag
schon in einer Art Koma. Aber er war ganz ruhig an diesem Tag.
Das Schöne war, seine Geschwister haben ihm gesagt, wie toll sie
seine Reise fanden. Gerade der Bruder, der so vehement dagegen
gewesen war, hat ihm gesagt: „Mensch, das hast du gemacht, das hast
du geschafft. Das bewundere ich, das ist so toll." Und sie haben ihm
noch mal sagen können, daß sie ihn lieb haben.

Teilweise sind sie dann wieder heimgefahren. Es war auch nicht
abzusehen, daß er schon in dieser Nacht sterben würde. Einer der
Brüder und ich waren dann die ganze Nacht dabei. Als wir gesehen
haben, es geht zu Ende, haben wir noch spät einen anderen Bruder
angerufen, daß er kommen sollte.

Je länger das Ganze her ist, desto schwerer ist es für mich, das zu
beschreiben. Und desto unglaublicher erscheint mir diese Nacht. Das

war unheimlich gut. Wir sind bei ihm geblieben. Man hat gemerkt, daß seine Atmung immer mehr aussetzte. Er schnappte dann nach Luft, aber er war ganz ruhig und friedlich. Er lag so da, die Augen ein bißchen auf. Er schlief nicht richtig, aber er war auch nicht richtig wach.

Ich kannte seine Lieblingslieder, die er den Kindern abends immer zum Einschlafen vorsang. Ich hab dann das Gesangbuch geholt und dann haben wir diese Gute-Nacht-Lieder gesungen, weil wir irgendwie zeigen wollten: Wir sind da. Und wir lassen dich nicht allein. Man kann ja auch nicht dauernd reden. Da war es einfacher, ein Lied zu singen.

Nachts um drei Uhr ist er dann gestorben. Und wir sind bei ihm sitzengeblieben. Wir saßen am Bett und haben erzählt, was er alles erlebt hat. Was so Besonderes, Spezielles an ihm war. Teilweise haben wir auch gelacht, wenn wir uns daran erinnerten, wo er mal wieder aus der Reihe getanzt war.

Doch diese Stimmung war vorbei, als es hell wurde. Ich konnte sie nicht richtig rüberretten in die nächsten Tage, Wochen und Monate. Immer wieder kommt man auf den Punkt, wo man denkt, das hast du nur geträumt. Und man erwartet, er wäre wieder da, mit seiner Krankheit, mit allem. Das tut weh. Dennoch gibt der Gedanke an diese Nacht auch immer wieder Trost.

# Infoteil

## Patientenverfügung

Weil Patientenverfügungen um so bindender sind, je individueller sie formuliert wurden, wird hier auf den Abdruck einer Patientenverfügung verzichtet. Folgende Organisationen bieten entweder ausführliche Verfügungen als Vordrucke, die ganz persönlich ausgefüllt werden können, an (Omega, IGSL) oder erstellen individuelle Verfügungen (HVD). Diese Organisationen unterhalten auch verschiedene Regionalgruppen oder Regionalgeschäftsstellen, wo auch eine Beratung möglich ist.(Kein Anspruch auf Vollständigkeit. Auch bei anderen Organisationen und Institutionen sind mittlerweile Patientenverfügungen erhältlich.)

Humanistischer Verband Deutschlands (HVD)
Bundesverband
Hobrechtsstraße 8
12043 Berlin
Tel.: 0 30–61 39 04-0
Fax: 0 30–61 39 04-50

Internationale Gesellschaft für Sterbebegleitung
und Lebensbeistand e.V. (IGSL)
Im Rheinblick 16
55411 Bingen
Tel.: 0 67 21–1 03 28
Fax: 0 67 21–1 03 81

OMEGA – Mit dem Sterben leben e.V.
(Petra Muschawek-Kürten)
Kasseler Schlag 19
34346 Hann. Münden
Tel.: 0 55 41–53 56

# Betreuungsverfügung

In den Patientenverfügungen der oben genannten Organisationen können auch Personen als Betreuer eingesetzt werden. Das Bundesjustizministerium gibt zu diesem Thema eine Broschüre heraus („Das neue Betreuungsrecht").

Bundesministerium der Justiz
Referat für Presse- und Öffentlichkeitsarbeit
53170 Bonn

Ähnliche Broschüren gibt es auch bei manchen Justizministerien der Länder. Bei den zuständigen Vormundschaftsgerichten erfährt man zumindest die Adressen von Betreuungsvereinen, die alle Fragen auf diesem Gebiet beantworten können.

# Hospiz-Organisationen

An dieser Stelle können nicht alle stationären Hospize oder ambulanten Hospiz-Initiativen aufgeführt werden. Doch über die Bundes- und Landesarbeitsgemeinschaften läßt sich erfragen, bei welchen regionalen Initiativen man Unterstützung bekommen oder sich engagieren kann. Der Zusammenstellung von Adressen der Bundes- und Landesarbeitsgemeinschaften folgen Adressen weiterer Organisationen oder wichtiger Ansprechpartner der Hospiz-Bewegung:

Bundesarbeitsgemeinschaft Hospiz zur Förderung von stationären Hospizen, ambulanten Hospizen und Palliativmedizin e.V. 1992
(Heinrich Pera)
Steinweg 54
06110 Halle/Saale
Tel.: 03 45–2 03 19 52
Fax: 03 45–3 25 76

Bayrischer Hospiz-Verband
(Christine Denzler-Labisch)
Tiergartenstr. 19
96123 Litzendorf
Tel.: 0 95 05–18 10

Landesarbeitsgemeinschaft Niedersachsen-Bremen
(Josef Roß)
Walter-Meckauer-Str. 7
26131 Oldenburg
Tel.: 04 41–50 69 95 oder 2 29-13 10
Fax: 04 41–2 29-10 90

Landesarbeitsgemeinschaft Nordrhein-Westfalen
(Hans-Josef Feldhagen)
Pfarrgasse 6
57368 Lennestadt
Tel.: 0 27 23–51 27
Fax: 0 27 23–6 75 70

Landesarbeitsgemeinschaft Rheinland-Pfalz
(Martin Weber)
Holzhofstr. 8
55116 Mainz
Tel.: 0 61 31–2 82 60

Landesarbeitsgemeinschaft Schleswig-Holstein
(Wibke Thomsen)
Mühlenstr. 1
24937 Flensburg
Tel.: 04 61–50 32 30

Alpha (Ansprechstellen im Land Nordrhein-Westfalen
zur Pflege Sterbender, Hospizarbeit und Angehörigenarbeit)
Von-Hompesch-Str. 8
53123 Bonn
Tel.: 02 28–74 65 47

Arbeitsgemeinschaft zur Förderung der Hospiz-Bewegung
in der Bundesrepublik Deutschland beim Bundesministerium
für Arbeit und Sozialordnung
Rochusstr. 1
53123 Bonn
Tel.: 02 28–5 27-10 42

Deutsche Bischofskonferenz
Arbeitsgemeinschaft Hospiz
Domstr. 2
96049 Bamberg

Deutscher Caritas-Verband
Arbeitsgemeinschaft Hospiz
Karlstr. 40
79104 Freiburg
Tel.: 07 61–2 00-0

Diakonisches Werk der EKD
Arbeitsgemeinschaft Hospiz
Stafflenbergstr. 26-28
70184 Stuttgart
Tel.: 07 11–21 59-0

Gemeindekolleg der VELKD
(Projekt „Sterbende begleiten")
Berlinstraße 4-6
29223 Celle
Tel.: 0 51 41–5 30 14

Internationale Gesellschaft für Sterbebegleitung
und Lebensbeistand e.V. (IGSL)
Im Rheinblick 16
55411 Bingen
Tel.: 0 67 21–1 03 28

Malteser
Fachstelle Hospiz
Steinfelder Gasse 9
50670 Köln
Tel.: 02 21–1 60 29-39

OMEGA – Mit dem Sterben leben e.V
(Petra Muschawek-Kürten)
Kasseler Schlag 19
34346 Hann. Münden
Tel.: 0 55 41–53 56

Zentrum für Hospiz-Forschung und -Ausbildung
Arbeitsgruppe „Zu Hause sterben"
(J.-C. Student)
Blumhardtstr. 2
30625 Hannover
Tel.: 05 11–53 01-1 24

## Schmerztherapie

Deutsche Gesellschaft zum Studium des Schmerzes e.V.
c/o II. Physiologisches Institut
Im Neuenheimer Feld 326
69120 Heidelberg
Tel.: 0 62 21–56 40 50
Fax: 0 62 21–56 33 64

Die DGSS verschickt Patienten gegen einen adressierten und frankierten Rückumschlag eine Adressenliste mit Schmerztherapeuten in ihrer Umgebung.

Bundesverband Deutsche Schmerzhilfe e.V.
Woldsenweg 3
20249 Hamburg
Tel.: 0 40–46 56 46
Fax: 0 40–4 60 17 19

Deutsche Schmerzliga e.V.
Roßmarkt 23
60311 Frankfurt/Main
Tel.: 0 69–29 98 80-75
Fax: 0 69–29 98 80-33

## Weitere wichtige Adressen

Alzheimer-Gesellschaft München e.V.
Richard-Strauß-Straße 34
81677 München
Tel.: 0 89–47 51 85

Deutsche AIDS-Hilfe e.V.
Dieffenbachstraße 33
10967 Berlin
Tel.: 0 30–6 90 08 70

Deutsche Gesellschaft zur Suizidprävention – Hilfe in Lebenskrisen e.V.
(Manfred Wolfersdorf)
Postfach 2044
88190 Ravensburg
Tel.: 07 51–7 60 13 39
Deutsche Interessengemeinschaft für Verkehrsunfallopfer (dignitas) e.V.
Friedlandstraße 6

41747 Viersen
Tel.: 0 21 62–2 00 32
Fax: 0 21 62–35 23 12

Deutsche Krebshilfe
Thomas-Mann-Straße 40
53111 Bonn
Tel.: 02 28–72 99 00

Deutsche Multiple Sklerose Gesellschaft e.V.
Vahrenwalder Str. 205-207
30165 Hannover
Tel.: 05 11–63 30 23
Fax: 05 11–63 38 87

Mucoviscidose e.V.
Bendenweg 101
53121 Bonn
Tel.: 02 28–66 10-26 oder -27
Fax: 02 28–66 92 64

NAKOS – Nationale Kontakt- und Informationsstelle zur Anregung
und Unterstützung von Selbsthilfegruppen
Albrecht-Achilles-Str. 65
10709 Berlin
Tel.: 0 30–8 91 40 19

TABU e.V.
(Ehrenamtliche Mitglieder begleiten Trauernde)
Tiegelstr. 23
45141 Essen
Tel.: 02 01–32 87 77

Telefonseelsorge
Tel.: bundesweit 1 11 01 und 1 11 02

Verwaiste Eltern in Deutschland
Kontakt- und Informationsstelle
Esplanade 15
20354 Hamburg
Tel.: 0 40–35 50 56 44

## Literaturhinweise

Baumann, J. u.a.: **Alternativentwurf eines Gesetzes über Sterbe-hilfe.** Entwurf eines Arbeitskreises von Professoren des Strafrechts und der Medizin und ihrer Mitarbeiter. Thieme-Verlag, Stuttgart 1986.

Bönisch, G., Leyendecker, H.: **Das Geschäft mit der Sterbehilfe.** Steidl-Verlag, Göttingen 1993.

Berg, L. (Hrsg.): **„When I'm sixty-four".** Alter und Altern in Deutschland. Deutscher Taschenbuch Verlag, München 1994.

Bron, B.: **Angst und Depression bei unheilbar Kranken und Sterbenden.** Deutsche Medizinische Wochenschrift, Band 112 , S. 148-154, 1987.

Callahan, M., Kelley, P.: **Mit Würde aus dem Leben gehen.** Ein Ratgeber für die Begleitung Sterbender. Knaur-Verlag, München 1993.

Deutsche AIDS-Hilfe – Aktuell: **Sich das Leben nehmen lassen.** Nr. 5, Februar 1993.

Eser, A., Lutterotti, M., Sproken, P.: **Lexikon Medizin, Ethik, Recht – Darf die Medizin, was sie kann?** Information und Orientierung. Herder-Verlag, Freiburg 1989.

Eser, A., Koch, H.-G. (Hrsg.): **Materialien zur Sterbehilfe.** Max-Planck-Institut für ausländisches und internationales Strafrecht, Freiburg 1991.

George, W., Beckmann D., Vaitl, D.: **Aktuelle empirische Daten zu den Sterbebedingungen im Krankenhaus.** Psychotherapie, Psychosomatik, Medizinische Psychologie, Band 39, S. 306-309, 1989.

Heller, A. (Hrsg.): **Kultur des Sterbens – Bedingungen für das Lebensende gestalten.** Lambertus-Verlag, Freiburg 1994.

Jens, W., Küng, H.: **Menschenwürdig sterben – Ein Plädoyer für Selbstverantwortung.** Piper-Verlag, München 1995.

Klaschik, E., Nauck, F. (Hrsg.): **Palliativmedizin heute.** Springer-Verlag, Berlin, Heidelberg, New York 1994.

Kochen, M.: **Schmerztherapie bei unheilbar Kranken.** Zeitschrift für Allgemeinmedizin, Band 66, S. 559-563, 1990.

Kruse, Andreas: **Die Auseinandersetzung mit Sterben und Tod – Möglichkeiten eines ärztlichen Sterbebeistandes.** Zeitschrift für Allgemeinmedizin, Band 64, S. 59-66, 1988.

Kübler-Ross, Elisabeth: **Interviews mit Sterbenden.** Kreuz-Verlag, Stuttgart 1971.

Mainzer Perspektiven – Orientierungen: **Sterben in Würde.** Die Hospizbewegung zum Streit um die Euthanasiebewegung. Bischöfliches Ordinariat, Mainz 1995.

Mittag, Oskar: **Sterbende begleiten – Ratschläge und praktische Hilfen.** TRIAS Thieme Hippokrates Enke-Verlag, Stuttgart 1994.

Nuland, S.: **Wie wir sterben. Ein Ende in Würde?** Kindler-Verlag, München 1994.

Pera, H., Weinert, B.: **Mit Leidenden unterwegs – Wo wir einander begegnen, sind wir Lebende.** Benno-Verlag, Leipzig 1991.

Sax, M., Visser, K., Boer, M.: **Begraben und Vergessen.** Ein Begleitbuch für Tod, Abschied und Bestattung. Orlanda-Frauen-Verlag, Berlin 1993.

Student, J.-C. (Hrsg.): **Das Recht auf den eigenen Tod.** Patmos-Verlag, Düsseldorf 1993.

Student, J.-C. (Hrsg.): **Das Hospiz-Buch.** 3. Auflage. Lambertus-Verlag, Freiburg 1994.

Tolmein, O.: **Wann ist der Mensch ein Mensch?** Ethik auf Abwegen. Carl Hanser Verlag, München 1993.

van der Maas, P., van Delden, J., Pijnenborg, L., Looman, C.: **Euthanasia and Other Medical Decisions Concerning the End of Life.** The Lancet, Band 338, S. 669-674, 1991.

Wagner, H.: **Grenzen des Lebens – Wider die Verwilderung von Sterben, Tod und Trauer.** Knecht-Verlag, Frankfurt (Main) 1991.

Zenz, M., Zenz, T., Tryba, M., Strumpf, M.: **Severe Undertreatment of Cancer Pain: A 3-Year Survey of the German Situation.** Journal of Pain and Symptom Management, Band 10, Nr. 3, S. 187-191, 1995.

# Stichwortverzeichnis

## FALKEN CheckUp
**Testament und Erbschaft**
Von P. J. Schneider, E. Götze,
K. Hoffelner – 72 S., kart.,
durchgehend vierfarbig.
**ISBN:** 3-8068-1525-9
**Preis: DM 19,90**; öS 148,–; sFr. 19.90

Praxisnahe Checklisten und Leitsysteme
informieren kompakt und ausführlich
über richtige Testamentsformulierung,
gesetzliche Erbfolge und Erbschafts-
steuer.

**Weitere Titel aus dieser Reihe:**
1524-0  Recht für Mieter
1526-7  Kaufverträge
1565-8  Recht für Urlauber
1566-6  Stellensuche und Bewerbung
1527-5  Vorstellungsgespräche

**Erziehungsgeld, Mutterschutz,
Erziehungsurlaub**
Von J. Grönert – 192 S., kart.
**ISBN:** 3-635-60014-8
**Preis:** ca. **DM 19,90**; öS 148,–; sFr.19.90

Dieses Buch bietet umfangreiche Hilfen
bei der Beantragung von Erziehungsgeld und -urlaub und informiert über
den aktuellen Stand des Bundes-
erziehungsgesetzes sowie des Mutter-
schutzgesetzes.

**Scheidung und Unterhalt**
Von Th. Drewes – ca. 224 S., kart.
**ISBN:** 3-635-60015-6
**Preis:** ca. **DM 19,90**; öS 148,–; sFr. 19.90

Mit Informationen zu Güterrecht,
Versorgungsausgleich und Sorgerecht
sowie der aktuellen Unterhaltstabelle.

**Pflegeversicherung**
Von K. Möcks, A. Schmitt –
160 S., kart.
**ISBN:** 3-635-60016-4
**Preis:** ca. **DM 16,90**; öS 125,–; sFr.16.90

Der Informationsbedarf über diese neue
Pflichtversicherung ist groß. Das Buch
macht anhand von Beispielen und
praktischen Tips mit ihren Besonder-
heiten vertraut.

**FALKEN Rechtsberater**
Hrsg. S. von Hasseln –
720 S., geb.
**ISBN:** 3-8068-4822-X
**Preis: DM 49,90**; öS 370,–; sFr. 49.–

In allen Rechtsfragen des Alltags dient
dieses Handbuch als gründliche
Orientierungshilfe: aktuell, zuverlässig
und allgemeinverständlich. Ein
unverzichtbares Nachschlagewerk,
ein umfassender Ratgeber für Mieter,
Eheleute, Eltern, Erben, Patienten,
Arbeitnehmer, Steuerzahler, Auto-
fahrer.

## Autogenes Training
Von P. Kruse, B. Pavlekovic, K. Haak –
118 S., kart., durchgehend zweifarbig.
ISBN: 3-8068-1278-0
Preis: DM 24,90; öS 185,–; sFr. 24.90

In diesem Buch wird der Wechsel-
wirkung zwischen Körper und Seele
ebenso breiter Raum gewidmet wie
den Basisübungen des autogenen
Trainings. Dieses Grundwissen wird
anhand verschiedener Alltagssitua-
tionen in die Praxis umgesetzt.

## FALKEN VIDEO
### TELE-Rückenschule
VHS, ca. 60 Minuten, in Farbe,
mit Begleitbroschüre
ISBN: 3-8068-6108-0
Preis: DM 49,95; öS 399,–; sFr. 49.90
(unverbindliche Preisempfehlung)

Dieser Videokurs gibt zahlreiche
Vorsorgetips und zeigt mit speziellen
Übungsformen das Training der ver-
nachlässigten Rückenmuskulatur. So
wird die Haltung sichtbar verbessert,
und mit dem Schutz vor neuen
Rückenschmerzen geht eine Steigerung des Selbstbewußtseins einher.

## Blütentherapie nach Dr. Bach
Von I. Wenzel – 104 S., kart.,
durchgehend zweifarbig.
ISBN: 3-635-60019-9
Preis: ca. DM 12,90; öS 95,–; sFr. 12.90

Das Buch informiert über die erstaun-
lichen Wirkungsweisen verschiedener
Blüten und zeigt die vielfältigen Ein-
satzmöglichkeiten bei der Behandlung.

## Qigong. Hilfen für den Alltag
Von L. U. Schoefer –
96 S., kart., durchgehend vierfarbig,
140 Fotos, 15 Zeichnungen.
ISBN: 3-8068-1316-7
Preis: DM 19,90; öS 148,–; sFr. 19.90

Qigong ist eine chinesische Bewegungs-
und Atemtherapie, die es leicht macht,
in der Hektik unserer Zeit zu mehr
Ruhe, Gelassenheit und Gesundheit
zu finden.

## Aromatherapie
Gesundheit und Entspannung
durch ätherische Öle
Von K. Schutt – 96 S., kart.,
40 zweifarbige Abbildungen.
ISBN: 3-8068-1131-8
Preis: DM 14,90; öS 110,–; sFr. 14.90

Alles über bewährte Heilkräuter und
Essenzen sowie ihre Wirkung auf
Körper und Psyche. Anleitungen zum
Sammeln, Anbauen und Lagern der
Pflanzen. Die Rezepturen ermöglichen
es, Duftöle selbst herzustellen. Mit
vielen Tips zum Kochen mit natür-
lichen Aromen.